週末來一趟
只屬於自己的
奢侈小旅行

ことりっぷ co-Trip
小伴旅

歡迎光臨

京都

小鳥會貼心告訴你
旅行好康資訊

出發了。

人人出版

來到京都…

抵達京都了。

接下來要做什麼好呢？

前往感受京都風情的地方。
像是拜訪寺社、漫步石板路、
或是町家散步等。

首先出發到名列聯合國世界遺產的寺社。如果是初次造訪京都，推薦先拜訪清水寺及金閣寺等地方。接著在町家及小巷漫步，

感受京都的日常生活也不錯。也可以前往賞櫻及紅葉的景點，或是在夏、冬之時來此度過輕鬆愜意的時光。

可欣賞重森三玲所打造的東福寺名庭。由青苔與石塊交織成「現代藝術風格」*的市松圖案引人入勝。➡ P.24

check list

☐ 現代藝術家創作的襖繪 ➡ P.20

☐ 欣賞名庭 ➡ P.18・24

☐ 櫻花、青楓、紅葉 ➡ P.22~27

☐ 漫步寺町通 ➡ P.112

☐ 巡遊世界遺產 ➡ P.122

☐ 鴨川散步 ➡ P.132

☐ 漫步嵐山・嵯峨野 ➡ P.134

☐ 前往鞍馬・貴船的
　能量景點 ➡ P.144

☐

☐

京都在春、夏、秋、冬四季展現不同的美麗風情。從觀賞期盼已久的春天景色開始。➡ P.22

天氣晴朗時，也很推薦順著鴨川沿岸走到離出町柳站不遠的鴨川三角洲等地。➡ P.132

到跨時代受喜愛的復古咖啡廳。享用一頓優雅的早餐，展開神清氣爽的晨旅。➡ P.53

出發到嵐山的竹林。仰望凜然聳立的竹林，葉隙間灑落的陽光讓心靈淨化。➡ P.134

※：重森三玲1939年打造東福寺庭園時，以現代藝術（Modern Art，1860年代至1970年代）的實驗精神，表現300多年前江戶時代的傳統市松圖案。

3

來到京都…

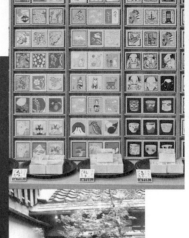

該吃什麼才好呢？

品嘗細膩的京都料理或到老店用餐。
町家餐廳美食或京都家常菜也只有在
京都才能品嘗，甜食當然也是不錯的選擇。

在老店品嘗京都料理或便
當，是京都旅行的一大樂
趣。其他還有散發高湯香
的蓋飯、可輕鬆享用的京

都家常菜等，京都的特色
飲食種類豐富。就連用抹
茶做的甜點及和菓子，也
都相當好吃。

Yaoiso（ヤオイソ）果物
店的水果三明治內夾大量
新鮮水果。 P.61

一生一定要嘗一次的京都料
理。像是御所南的割烹料理、
佐樂的特別套餐料理等 P.54

check list

- [ ] 最推薦京都料理 P.54
- [ ] 在町家用餐 P.56
- [ ] 名店的麵&蓋飯 P.58
- [ ] 著名三明治 P.60
- [ ] 在錦市場邊走邊吃 P.62
- [ ] 京都家常菜 P.64
- [ ] 京都中華料理 P.66
- [ ] 抹茶甜點 P.70
- [ ]
- [ ]

該買什麼才好呢？

諸如歷史及技藝傳承的傳統逸品
以及在地民眾也愛用的雜貨等
都能感受到京都之心。

京都有許多傳統工藝品等
高級逸品，選購時推薦購
買可日常使用的物品。除
了和風小物、和風文具、
京都美妝品、和菓子及京

都調味料等之外，年輕創
作者製作的飾品也能展現
京都的手工藝之美。現在
就去將京都特有的好物買
回家吧。

在昇苑（SHOWEN）高台寺店可
以買到傳統編繩做的飾品及髮圈
P.81。也可以買給自己的紀念品。

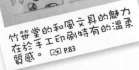

竹笹堂的和風文具的魅力
在於手工印刷特有的溫柔
質感。 P.83

check list

- [ ] 和風摩登雜貨 P.80
- [ ] 和風紙品 P.82
- [ ] 廚房器具 P.84
- [ ] 尋找妝點生活的餐具 P.86
- [ ] 反映四季的京菓子 P.88
- [ ] 在地人喜愛的點心 P.90
- [ ] 時尚的巧克力專賣店 P.92
- [ ] 餐桌的伴手禮 P.98
- [ ]

小旅行
指南

到京都玩3天2夜

除了京都的代表性景點外，還會去京都通喜歡的景點。
難得來旅行，當然要徹底體會古都的魅力。
準備出發到令人雀躍的京都，來趟小旅行吧。

第1天

觀景臺離地
100公尺♪

9:30
旅行的起點從京都站開始。抬頭仰望京都站的象徵京都塔後就出發！先搭巴士前往清水寺方向。

10:00 **清水寺** P.106是每年500萬人到訪的人氣景點。從本堂著名的「清水舞臺」眺望的景色令人期待。

11:30
順路到**八坂庚申堂** P.108，向色彩繽紛的束猴許願。別忘了以美麗的**八坂塔** P.108為背景拍照留念。

11:00
石板路綿延不斷的二年坂及產寧坂，是充滿京都情趣的上鏡路段。可順道逛伴手禮店，漫無目的地散步。

記得購買
限定巧克力♪

巧克力專賣店**MALEBRANCHE加加阿365 祇園店** P.93，有販售當天限定的特別巧克力加加阿365等限定商品。

12:30
午餐時間就到祇園藝妓常光顧的咖啡廳「**切通進進堂**」P.60享用人氣的上等香腸吐司。

14:00

在京都最古老的禪寺**建仁寺** P.21
靜靜觀賞法堂天花板的《雙龍圖》等
名作。

15:00

在甜點店**祇園小森**
P.111小歇一下。將內含
抹茶冰淇淋、白玉（糯
米糰子）、栗子、葛根
涼粉等的「小森餡蜜」
淋上黑蜜後享用。

自用送禮
兩相宜！

品嚐和風甜點
小歇一下

16:30

在四條河原町的小巷裡，有一區匯
集了京都起源的紡織品設計品牌
SOU·SOU的店鋪。在**SOU·SOU**
布袋 P.80購買流行的和風花紋布
袋。

19:00

晚餐在**二條 藤田** P.55
享用京都料理的套餐。
一道道活用季節食材的
料理，不僅色彩美麗，
也能夠成為旅行的珍藏
回憶。

四條河原町交通
便利的飯店

18:30

這次住的旅館是兼
具時尚空間及實踐
地球環境永續發展
的**京都好自然飯店**
P.153

第2天

8:00
早餐到位於**京都好自然飯店**
🔲**P.153**1樓的GOOD NATURE
STATION餐廳，享用早餐吃到
飽。餐後就前往地鐵車站。

10:00 在京都的文化區岡崎散步。先到**京都市京
瓷美術館**🔲**P.32**。

遇見美麗的
季節花卉

11:30
前往岡崎的象徵之一，**平安神宮**🔲**P.119**。
在有四季花卉及自然景觀迎接訪客的神苑
散步，享受悠閒的氣氛。

京都特有的
狸烏龍麵

12:30
午餐決定吃京都風的澆汁
（配料勾芡煮成滷汁）烏
龍麵！前往以自家製麵及
講究高湯吸引大排長龍人
潮的人氣店**岡北**🔲**P.58**。

14:00
上樓到摩登空間。在專售
工藝家製作的器皿以及茶
葉的藝廊型商店**essence
kyoto**🔲**P.33**，尋找中意
的器皿吧。

原創的雅緻茶
葉罐

15:00

還有可休息的庭園咖啡廳

眺望著東山的景色，以原是明治維新元勳的別墅**無鄰菴**⌂**P.19**為目標漫步而行。細細欣賞近代日本庭園的傑作。

16:30

往西走三條通到**青衣 京都店**⌂**P.81**。給人摩登印象的和風織品，除了包包等之外，也有各種服裝。

16:00

送給自己的回味伴手禮，就買**HISASHI巧克力店**⌂**P.93**的巧克力。也很推薦坐在店內的咖啡廳，放鬆品嘗生菓子。

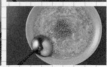

17:30

在黃昏前步行前往洋溢京都情趣的祇園一帶。白川流經的巽橋附近有條林立著傳統町家的石板小徑，是絕佳的攝影景點。

18:00

晚餐吃餘味清淡的京都風中華料理。在祇園新橋設店的**竹香**⌂**P.66**除了套餐料理外，也有諸如春捲等豐富的單品料理。

第3天

9:00
退房

10:00
搭乘在路面上搖搖晃晃行駛的嵐電，抵達嵐山站。準備前往嵐山散步。

盡情欣賞從嵐山的象徵**渡月橋**[P.26]看見的美景，包括據傳平安貴族曾乘船遊玩的大堰川及四季不同的山林風情。

10:30

福田美術館[P.31]可以慢慢欣賞美麗的日本畫。館內的咖啡廳觀景條件絕佳，品嚐咖啡還可飽覽渡月橋。

採用和風設計的空間也值得注目

12:00

前往Bread, Espresso嵐山庭園[P.135]，在被列為文化財的茅葺屋頂建築中好好放鬆，享用添加大量奶油且令人滿意的麵包午餐。

13:30
在世界遺產**天龍寺**[P.136]，可悠閒欣賞借景嵐山的名庭。法堂的《雲龍圖》也不容錯過！

14:30

走在營造出夢幻氣氛的**竹林小徑**[P.134]中，前往以保佑結緣及生子順產聞名的**野宮神社**[P.134]。

吸睛上鏡的綠色小徑

16:00
從JR嵯峨嵐山站到京都站。

包裝也很可愛

16:30
在京都站周邊探索伴手禮 [P.100]

我的旅行
指南

擬定行程的訣竅

首先決定本次旅行的主題。
由於京都的看點眾多，若不
事先規劃好就會漫無目的。
想要有效運用3天旅遊時
間，就要一天決定一個主
題。決定好主題後，接著決
定各主題最想去的景點，再
以該景點所在區域為中心擬
定計畫。

京都擁有巴士及電車等豐富
的交通方式，最好先考量塞
車及天氣等因素，選擇當下
最佳交通方式。想從北往南
移動的話，也可以採用沿著
鴨川沿岸步行的方式。另外
因需事先預約的寺社及餐館
也很多，一定要事先確認。

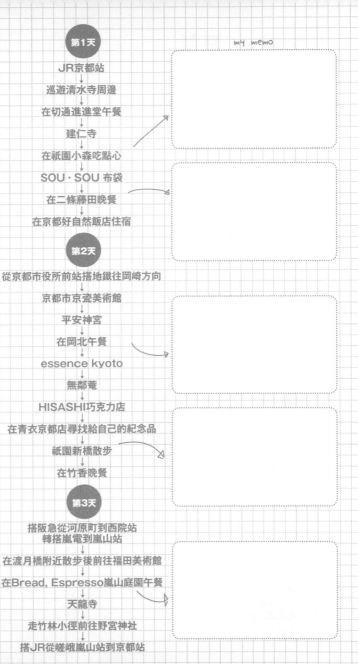

第1天

JR京都站
↓
巡遊清水寺周邊
↓
在切通進進堂午餐
↓
建仁寺
↓
在祇園小森吃點心
↓
SOU・SOU 布袋
↓
在二條藤田晚餐
↓
在京都好自然飯店住宿

第2天

從京都市役所前站搭地鐵往岡崎方向
↓
京都市京瓷美術館
↓
平安神宮
↓
在岡北午餐
↓
essence kyoto
↓
無鄰菴
↓
HISASHI巧克力店
↓
在青衣京都店尋找給自己的紀念品
↓
祇園新橋散步
↓
在竹香晚餐

第3天

搭阪急從河原町到西院站
轉搭嵐電到嵐山站
↓
在渡月橋附近散步後前往福田美術館
↓
在Bread, Espresso嵐山庭園午餐
↓
天龍寺
↓
走竹林小徑前往野宮神社
↓
搭JR從嵯峨嵐山站到京都站

my memo

ことりっぷ co-Trip 小伴旅 京都

CONTENTS

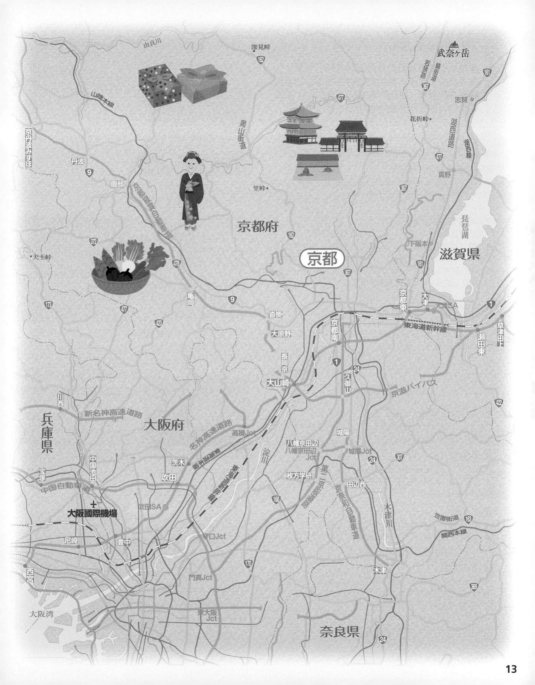

由良川
深見峠
武奈ヶ岳
162
若狭街道
367
161
志賀
湖西道路
花折峠
湖西線
山陰本線
京都縦貫自動車道
周山街道
477
真野
丹波
9
園部
477
京都府
162
琵琶湖
滋賀県
京都縦貫自動車道
笠峠
下阪本
京都
37
天王峠
沓掛
京滋バイパス
372
京都東
大津SA
173
大原野
9
京都南
1
1
瀬田西
瀬田東
423
亀岡
477
草津田上
22
423
東海道新幹線
京都縦貫自動車道
長岡京
久御山
24
京滋バイパス
大山崎
新名神高速道路
高槻Jct
城陽
城陽Jct
京都和田自動車道
兵庫県
名神高速道路
八幡京田辺
八幡京田辺
Jct
24
37
大阪府
茨木
第二京阪道路
淀川
田辺西
川西
中国池田
吹田
枚方学研
木津川
中国自動車道
吹田SA
162
関西本線
宝塚
大阪國際機場
豊中
久口Jct
170
京奈和自動車道
空港街道
関西本線
尼崎
木津
西宮
門真Jct
170
奈良県
大阪湾
東大阪
Jct
24
25

京都速覽

首先掌握散布各地的寺社及名勝所在位置，接著將想去的場所、想吃的美食及想買的物品加進旅遊計畫中，不論行程寬鬆還是貪心，都能依照個人喜好的分配時間暢遊京都。

在京都站整裝待發

京都站的車站大樓應有盡有
可利用車站大樓的咖啡廳或甜點店召開作戰會議。將觀光服務處等做最大利用，讓旅行有好的開始。

我想隨興散步，行李該怎麼辦？
可利用JR京都站地下中央口剪票口旁的行李托運服務，將行李送到旅館，就不用顧慮行李，享受觀光後輕鬆到旅館Check in。另外，如果不是在京都住宿的話，將行李寄放在投幣式置物櫃是最佳選擇。站內1、2樓及地下樓層都有投幣式置物櫃，尺寸種類也相當齊全，不妨聰明利用。

哪裡有一大早可提款的場所？
京都站大樓內各處都設有早晨5時到8時（時間視各銀行而異）開放的12家銀行ATM。其中，南北自由通路的南角匯集了郵貯銀行等7家銀行ATM。

遇見世界遺產名剎
金閣寺 きんかくじ P.120
以金閣寺為中心的本區域內，有龍安寺、仁和寺3座世界遺產。在衣掛之路沿岸還能品嘗精進料理。

充滿自然之美的風景名勝
嵐山・天龍寺 P.134
あらしやま・てんりゅうじ
嵐山擁有櫻花、紅葉等不同季節引人入勝的自然景觀。以擁有美麗庭園的天龍寺為首，有許多名剎曾在各故事舞臺中登場。

京都交通資訊

●搭巴士・地鐵
推薦到巴士綜合服務處購買可搭乘市巴士、地鐵及京都巴士等的地鐵巴士1日券（1100円）。

●搭私鐵
有叡山電車1日券Ee Kippu（1200円）、嵐電1日券（700円）、京都地鐵・嵐電1日券（1300円）等不同的優惠票券，記得先確認。

●計程車
3～5人的話，搭計程車車資特別划算。到清水寺、祇園、四條河原町約1200円，到金閣寺、銀閣寺也只要約3000円。還能節省時間，不妨多加利用。

●租自行車
可隨心所欲前往想去的地方是自行車的魅力。Kyoto Cycling Tour Project（KCTP）1天1000円起。自行車停放時需多加注意。

歷史悠久的史跡與街道
二條城・京都御所・西陣
にじょうじょう・きょうとごしょ・にしじん
有象徵千年之都的京都御所及作為歷史舞臺的二條城。在西陣，則可體會町家風情。

P.138・140

京都的門戶
京都站・東寺 P.100・128
きょうとえき・とうじ
有京都塔聳立的觀光據點。京都站大樓、京都塔以及東寺的五重塔等，京都的象徵全都聚集在此。

充滿溪流與綠意的古社
上賀茂・下鴨
かみがも・しもがも P.130

上賀茂神社及下鴨神社都是自古以來被奉為鎮護王城之神的神社，也是被溪流及綠意環繞的能量景點。

保留樸素的山村風情
大原・鞍馬
おおはら・くらま P.142・144

大原保留著茅葺屋頂的民家，鞍馬山以源義經成長之地聞名。貴船在夏季可品嘗川床料理，是京都的城郊後花園。

巡遊古剎的散步區
銀閣寺 ぎんかくじ P.116

哲學之道位在本區，種植在疏水道（運河）沿岸的櫻花林道美不勝收。風格獨特的寺院也很多，是最適合到處巡遊的場所。

坡道上綿延不斷的石板路相當美 P.106
清水寺 きよみずでら

被東山環抱的街道是京都的象徵風景。石板路綿延不斷的清水寺周邊有眾多名勝古剎，離花街祇園也很近。

萬葉時代*以來的風景名勝
宇治 うじ P.146

宇治作為《源氏物語》後十回〈宇治十帖〉的舞臺及高級茶的產地而聞名。擁有平等院、宇治上神社等眾多景點。

※：《萬葉集》編撰於飛鳥時代～奈良時代（約650～759年），因此有人將這段時期稱為萬葉時代。

京都的街區隨處都有讓人感受古都歷
史與文化的景色。
在不同季節、不同時間遇到的情景，
也是旅行的樂趣之一。

讓人著迷的京都

編織出悠長歲月的京都境內，
有超過2000座寺院及神社，
還擁有襖繪*及庭園等眾多看點。
以京都旅行的一大樂趣 —— 巡遊寺社為主，
可以順道拜訪話題名店或是欣賞藝術。
不論任何主題之旅都能讓人樂在其中，
有容乃大的京都等候你的巡遊走訪。

※：日文「襖」（ふすま）是一種以木質框架兩面
糊上唐紙或布製作而成的橫拉門，常見於日本傳統
建築。在這種橫拉門上繪畫就稱為「襖繪」。

愜意欣賞大自然的京都時光
靜穆的窗外景色及美麗庭園

京都旅行可在兼具豐富歷史及自然的空間，
一邊散步一邊欣賞美景，度過旅途時光。
前往有別於寺院神社的京都特色景點。

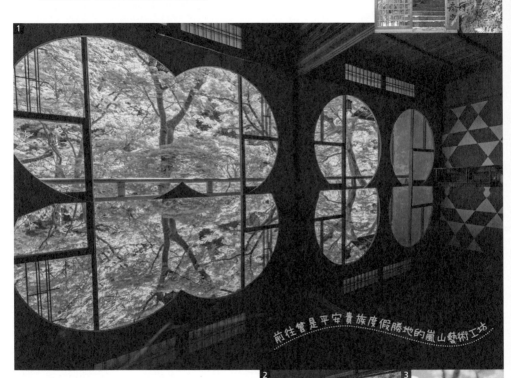

前往曾是平安貴族度假勝地的嵐山藝術工坊

@junichiro.takikawa

嵐山 祐齋亭 あらしやまゆうさいてい

位於約800年前曾是離宮的龜山殿※遺址，屋齡約150年，從明治時期就座落在此的染色藝術工坊，可欣賞春夏秋冬四季情趣。有圓窗房、與川端康成有淵源的房間，以及可透過變換筆觸創造出多樣水紋的水鏡等，度過風雅時光。

☎075-881-2331 ♠京都市右京区嵯峨亀ノ尾町6 ⏰10:00～18:00（預約優先）困週四 ¥2000円 Ｐ無 🚃嵐電嵐山站步行10分 MAP附錄17 C-4

※：龜山殿是後嵯峨天皇（1220～1272）所建的離宮。

1 可欣賞彷彿水鏡般景色的圓窗房。幾何學般的牆面設計也很創新 2 該建築以前是料理旅館「千鳥」，曾經是藝妓及舞妓嚮往的地方。從窗外可看到四季自然景觀，療癒身心 3 坐在絕景露臺（大堰川近在眼前）品嘗茶與茶點1000円

可參觀並進行染色體驗

在完成獨門染色技法「夢幻黃櫨染」的奧田祐齋先生所設立的染色藝術工坊「嵐山 祐齋亭」，也可以體驗染色。染絲巾（含參觀費）22000円。11月和12月不提供染色體驗。

充滿自然韻味及開闊視野的景色極具魅力

無鄰菴 むりんあん

原是明治、大正時代的政治家山縣有朋的別墅。由庭園與主屋、洋樓及茶室三棟建築所構成，第七代小川治兵衛遵照山縣有朋的指示打造的庭園為近代知名的庭園先驅。1951年被指定為國家名勝。

☎075-771-3909 🏠京都市左京區南禪寺草川町31 🕐9:00～18:00（10～3月為～17:00）🈚無休 ¥600円（視季節而變動）🅿無 🍴地鐵蹴上站步行7分 MAP附錄13 B-4

1 借景東山及琵琶湖疏水道的庭園 2 從簡樸構造的主屋客廳欣賞庭園的風景 3 自選甜點及飲料的套餐1200円 4 從厚重的大門走進屋內

引人入勝的十三絕景源自德川家光的庭園

涉成園 しょうせいえん

位於東本願寺飛地境內。江戶時代，德川第3代將軍家光捐贈約1萬6千坪的廣大土地，由石川丈山等人造庭。歷史學家賴山陽所命名的涉成園十三景，讓人想逐一散步欣賞。

☎075-371-9210（參拜接待所）🏠京都市下京區下珠數屋町通間之東町東入東玉水町 🕐9:00～16:30（11～3月～15:30）🈚無休 ¥500円 🅿無 🍴JR京都站步行約10分 MAP附錄4 D-1

1 從西門進入，巡遊高石垣、臨池亭、滴翠軒等十三絕景，最後在源融之塔一帶眺望京都塔的風景 2 作為充滿文人情趣的佛寺庭園，1936年被指定為國家名勝

在寺院邂逅的妙趣
生動摩登的襖繪

欣賞知名繪師創作的襖繪是參拜寺院的樂趣之一。
除了跨越時空吸引眾人的作品外，
近年，由現代藝術家等所創作的襖繪也備受矚目。

由藍色幻想、生命讚歌及極樂淨土構成的
蓮花三部曲※。每個房間都各異其趣

※：作畫者木村英輝原是搖滾音樂製作人

搖滾且時尚的彩色蓮花

青蓮院 しょうれんいん

與皇室淵源深厚的天台宗門跡寺院。華頂
殿內多達60面的襖繪，都是擁有特殊經歷
的現代繪師木村英輝先生的作品。在傳統
的空間中誕生出絕妙的對比。

☎075-561-2345 🏠京都市東山区粟田口三条坊
町69-1 🕘9:00～16:30 困無休 ¥600円（夜間特
別參觀*800円）🅿有（夜間特別參觀時不可使用）
🚶地鐵東山站步行5分 MAP附錄12 C-1

※：夜間特別參觀因屋頂重建工程，暫停至2024年秋季。

1生動的色彩及構圖不僅醞釀出搖滾的風格，同時也
與和風空間調和 **2 3**好文亭茶室裝飾有上村淳之先
生的花鳥圖。每年於春、秋特別參觀時開放一般民眾
參觀

以濃豔色彩描繪小野小町的生涯

隨心院　ずいしんいん

真言宗善通寺派的大本山，以女和歌歌人小野小町晚年定居的寺院聞名。如同畫卷般描繪小町一生的《濃豔彩繪梅香小町圖》（極彩色梅匂小町絵図），日本傳統的濃彩鮮豔奪目，令人嘆為觀止。該作品收存在「能之間」。

☎075-571-0025　♔京都市山科区小野御靈町35　⏰9:00～16:30　✖寺內活動日　¥500円，梅園300円　Ⓟ有　🚶地鐵小野站步行5分　MAP附錄3 D-4

院內有保佑寫作進步及戀愛順利的文塚等

由居住京都的繪師安西智先生及藝術總監島直也先生組成的「達摩商店」所創作的新潮襖繪

以傳統的型染上色而成的壯觀景色

建仁寺　けんにんじ

建於1202年，以臨濟宗僧侶榮西為開山祖師的京都最古老禪寺。以留下《雲龍圖》等襖繪及屏風等名作聞名。另有現代藝術家使用日本傳統型染在白山紬上染製而成的襖繪作品《出航》。

☎075-561-6363　♔京都市東山区小松町584　⏰10:00～16:30　✖4月19、20日、6月4、5日等　¥境內免費，本坊600円　Ⓟ有　🚶京阪祇園四條站步行7分　MAP附錄12 A-3

1 海北友松的代表作《雲龍圖》，實物保存在京都國立博物館 2 襖繪是染色畫家鳥羽美花小姐的作品《出航》，表現出水面上無數藍色漣漪的風景 3 法堂天花板的《雙龍圖》也值得一看。《出航》有時會因活動之故無法參觀

建仁寺內另有17世紀京都的町繪師俵屋宗達所描繪的屏風。實物被保管在京都國立博物館，現在寺內展示的是高精細複製品。

連心情也頓時染上春色
好想看古都的櫻花

從3月下旬起為期約1個月，
可以在街上各處欣賞到不同品種的櫻花。
何不出門來趟春季散步，尋找淡紅色的風景。

神苑種有約20種、多達300棵櫻花，其中過半數為八重紅枝垂櫻

朱紅色的社殿與櫻花的競演

平安神宮 へいあんじんぐう

紅枝垂櫻與社殿形成的色彩層次是小說中常出現的美景。在神苑中，有染井吉野櫻、彼岸櫻等約20種、300棵櫻花盛開，連水池水面也染上顏色。

色彩鮮明亮麗的紅枝垂櫻格外引人注目

☞P.119

美得讓人屏息
有如從空中降下般的櫻花爭妍鬥豔

出現在賀茂川沿岸的櫻花隧道

春光爛漫的散步道讓腳步也輕快起來

半木之道 なからぎのみち

位於賀茂川的北大路橋及北山大橋之間，架設在鴨川上游的散步道。長約800公尺連綿不絕的紅枝垂櫻盛開著，彷彿替河畔鑲邊一樣。

MAP 附錄8 D-1

從早開的魁櫻開始，可長時間欣賞品種豐富多樣的櫻花

平野神社 ひらのじんじゃ

從早開到晚開約有60種、400棵櫻花綻放，自平安時代以來就是賞櫻名勝。亦有開出黃綠色花朵的御衣黃櫻等眾多罕見品種的櫻花。從3月中旬起為期約1個半月，可長時間賞櫻也是一大魅力。

☞P.141

盡情欣賞櫻花的秘訣是？
櫻花的種類五花八門，諸如枝垂櫻、染井吉野櫻、紅枝垂櫻、御室櫻、八重櫻等。只要確認各品種櫻花的開花時期，就能長時間賞櫻。

充滿迷人的祇園情調

白川南通
しらかわみなみどおり

林立著格子窗町家的潺潺白川沿岸。從早開的枝垂櫻到染井吉野櫻接連綻放，石板路上洋溢著京都風情。

MAP 附錄12 A-2　P.110

還可以看到花瓣在水面上漂流的「花筏」

鄰近疏水道的櫻花散道

與日本畫家橋本關雪有淵源的櫻花也被稱作「關雪櫻」

哲學之道 てつがくのみち

疏水道沿岸的小徑被多達約450棵染井吉野櫻為主的櫻花染上顏色。不妨在潺潺水聲、葉隙間灑落耀眼陽光的陪伴下，珍惜緩緩流逝的時光，漫步而行。

MAP 附錄13 C-2　P.118

飄浮在粉紅色雲間的五重塔

仁和寺 にんなじ

最大的看點就在走過中門後，一片御室櫻林呈現在眼前。由於御室櫻高度不高，可在與視線同高的高度賞櫻。四周被色彩偏淡的花朵包圍，彷彿進入另一個世界般。

P.122

可愛的櫻花
令人心動

御室櫻大多屬於「御室有明」的品種

置身櫻樹林中是越過櫻花仰望五重塔的絕佳攝影景點

平安神宮的點燈期間也會舉辦音樂會，可欣賞櫻花與音樂的美麗競演。

被時尚而生動的
美麗新綠庭園深深吸引

京都擁有數不盡的庭園。
紅葉季節固然大有人氣，下面介紹3個美麗的新綠景點，
推薦你安排時間造訪這3座庭園。

北庭的青苔與鋪石構成的市松圖案※相當有規律

顛覆日本庭園常識的「永恆的現代」
東福寺 とうふくじ

鎌倉時代（1185～1333）創建的禪寺。
配置東西南北四個庭院環繞方丈（僧侶
的住所）的本坊庭園於1939年誕生。施
工時，重森三玲（1896～1975）成功實
現寺院「不要浪費工程產生的廢材」的
請求，建造出了昭和年間的名庭。

☎075-561-0087 ╭京都市東山区本町15-778
🕘9:00～16:00（11～12月上旬為8:30～、12月上旬
～3月為～15:30）🈚無休 🈯境內免費，本坊庭園
500円，通天橋600円（11月10～30日為1000円），
共通券1000円（11月10～30日無）🅿有（紅葉期
間關閉）‼京阪東福寺站步行10分 🗺附錄4 E-3

從南庭按順時針方向
參觀4座庭園

本坊庭院
的看點
由庭園造景大師暨庭園研究家重森三玲一手打造的
名庭。三玲充分發揮「現代藝術」的嶄新風格，可
欣賞其獨創的世界觀。

南庭以白砂象徵大海，巨石象
徵仙人居住的島。突起朝天的
尖銳立石令人印象深刻

西庭以修整的皋月杜鵑及碎石
排列出巨大的市松圖案。以植
物為主角，有別於以石頭為中
心的南庭

東庭的主題是小宇宙。以回收
再利用的洗手間柱石來表現北
斗七星，樹籬則象徵銀河

※：「市松」得名自江戶時代的歌舞伎演員佐野川市松，他1741年飾演男主角時所穿的戲服上，有藏青色和白色交錯的格紋圖樣，
在當時引發一陣時尚流行。因為後來被運用在東京奧運會徽及《鬼滅之刃》主角竈門炭治郎的和服上而廣受曯目。

打造名庭的巨匠們

諸如夢窗疎石、小堀遠州、石川丈山、小川治兵衛、重森三玲等，欣賞庭園之際，若也能依據庭園造景師的個性來觀看會更有意思。

平成之世誕生的白砂庭園

圓光寺 えんこうじ

前身為德川家康所開設的學問所（幕府直轄學校），現在也會舉辦坐禪會等活動的臨濟宗南禪寺派的寺院。以新綠及紅葉都相當美的苔庭「十牛之庭」聞名，2013年完工的石庭「奔龍庭」也值得一看。

☎075-781-8025
🏠京都市左京区一乗寺小谷町13 ⏱9:00〜17:00
㊡無休 ¥600円 Ｐ有
🍴一乗寺下り松町巴士站步行10分
MAP附錄14 B-2

1 週日早晨會舉辦坐禪會（需預約）　**2**「十牛之庭」是將10塊石頭比喻為牛，表現出一個人開悟的過程　**3** 可走到石板路上，從各種角度欣賞

本庭園的看點
住持從波士頓美術館收藏的曾我蕭白筆下的《雲龍圖》得到靈感，與造園師共同打造的枯山水庭園。龍首及龍背附近的石柱是將水井建材重新利用。

本庭園的看點
除了新綠之外，春季有鈍葉杜鵑，夏季有紫斑風鈴草，秋季有打破碗花花，冬季則有草珊瑚及硃砂根等，一年四季都能欣賞美景。

1 初夏時有皋月杜鵑妝點色彩的新綠之庭。可坐在書院聆聽添水竹筒敲石聲，眺望庭景，度過幸福時光　**2** 圓窗襯托直挺的青竹更顯優美　**3** 走下庭園，左邊的青苔上安置有小小的石刻地藏菩薩

從書院可望見彷彿裱框的唐風庭園

詩仙堂 しせんどう

江戶時代，曾侍奉德川家康的漢詩大家石川丈山以此地作為晚年歸宿的山莊。由於屋內飾有中國的詩仙畫，因而被稱作詩仙堂。白砂與皋月杜鵑前後交疊，讓人聯想到中國的風景。

☎075-781-2954　🏠京都市左京区一乗寺門口町27
⏱9:00〜16:45 ¥500円 ㊡5月23日 Ｐ無
🍴一乗寺下り松町巴士站步行7分 MAP附錄14 B-3

東福寺每年3月14日〜16日會舉辦「涅槃會」，當天也會特別公開國寶「三門」。

閃耀著鮮紅及金黃色光輝的樹葉令人感動
秋空下，來趟閑靜的紅葉散步

古都的紅葉擅長打扮，借助人力及大自然之手，閃耀美麗的光輝。
從空氣涼爽舒適的早晨到夜間點燈，
盡情享受漫長的秋日。

被樹林溫柔包圍的多寶塔也點綴了朱紅色

壯觀的景色讓人不禁屏息

永觀堂 えいかんどう

占地延伸到東山山腳下的境內大約有
3000棵楓樹。參道的紅葉前方，有染
成鮮紅的方丈池迎接訪客。通往阿彌
陀堂的石階變成了紅葉隧道。

P.118

*夜間燈景
也很推薦*

當夜幕降臨就會呈現夢幻的風情

光亮的木地板上映照出紅葉

除了紅葉時期外，青楓時期也很推薦

琉璃光院 るりこういん

興建在比叡山山麓的寺院，清幽靜謐，僅在
春、夏、秋三季對外開放。書院的2樓，琉璃
之庭的景色映照在擦亮發亮的漆黑木桌及木
地板上，不禁令人讚嘆。※預約參觀見官網公告

☎075-781-4001 ♔京都市左京区上高野東山
55 ⏰僅在春、夏、秋三季特別公開10:00～
16:30 ⊗期間無休 ¥2000円 ℗無 ♕叡山電車
八瀬比叡山口步行5分 MAP附錄2 D-2

在絕佳位置欣賞紅葉

秋高氣爽的天空和閑寂的寺院，你選哪一個？

跨時代受喜愛的山紅葉

渡月橋 とげつきょう

在古早的平安時代，嵐山便以鄰近京城可欣賞大
自然的遊覽地聞名。與當時不同，現在從京都站
出發約15分就能抵達紅葉名勝嵐山。將整座山染
成一片秋色的樹林，如同錦緞般美麗。

MAP附錄16 D-4 P.134

緩緩流淌的桂川與渡月橋是京都的代表性風景

特別參觀及點燈活動

別具趣味的參觀活動記得先確認，諸如「配合紅葉賞季的點燈、平時非公開的寺社特別參觀」等。

在枯山水造景及水邊欣賞庭院楓紅

天授庵 てんじゅあん

鮮豔的紅葉與白砂的對比非常美，甚至有人為了一睹此絕倫之美而多次來訪。南庭的紅葉伸展在錦鯉悠游的水池上方，美不勝收。

☎075-771-0744
🏠京都市左京区
南禅寺福地町86-8
🕘9:00～16:30
🈺11月11日午後～12日午前中
¥500円
🅿使用南禪寺停車場
🚶地鐵蹴上站步行7分
MAP附錄13 B-4

青苔與切石的設計頗具現代感，難以想像竟是江戶時代初期的設計

金黃色的銀杏葉景觀也很推薦

今宮神社 いまみやじんじゃ

參道上有銀杏林道，一直延伸到以祈願嫁入豪門聞名的今宮神社樓門前。而鄰接大德寺別具風情的土牆，更能突顯銀杏的鮮明。

MAP附錄9 B-1

晚秋時銀杏葉飄落在通往樓門的參道上，相當美麗

西本願寺 にしほんがんじ

擁有眾多國寶建築，為淨土真宗本願寺派的本山。御影堂前有棵樹齡約400年的大銀杏樹，因其枝幹宛如樹根般向著天空朝四面八方伸展，又名「倒生銀杏」。

MAP附錄5 C-1

也留下此一傳說：江戶時代曾發生大火，大銀杏樹便噴水滅火

從天授庵所在的南禪寺行經永觀堂往北走，即可通往深紅葉絕美的哲學之道。

想稍微走遠一點
拜訪吸睛上鏡的寺社

色彩繽紛的天花板畫作、以季節花草點綴的洗手水缽、
使用傳統濃彩上色的細膩雕刻⋯⋯
前往郊外寺社，將會遇見讓人不禁想收藏在照片中的景色。

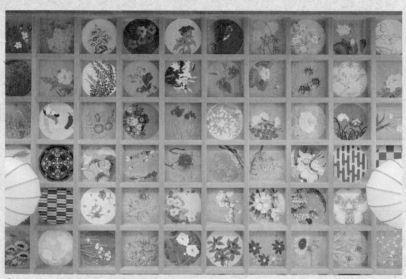

以傳統圖案及花卉為主題描繪的160幅天花板畫作。整體看來就像是表現佛教世界的曼荼羅

每年6月1日～9月18
日會舉辦風鈴祭。彙
集日本各地形狀及音
色五花八門的風鈴，
讓人暑氣全消

心型是日本的古老傳統
紋樣，稱作「豬目」
※，代表祈求幸福。豬
目窗在春天會映照出櫻
花、夏天則映照出新綠
等四季景色

可愛的天花板畫作與心型窗
正壽院 しょうじゅいん

在宇治田原擁有800年歷史的高
野山真言宗寺院，本尊十一面觀
音為平常不公開的祕佛。客殿裝
設有掀起話題的豬目窗，飾有約
90位日本畫家所描繪色彩豐富
的天花板畫作，相當美麗。

☎0774-88-3601 ⏡宇治田原町奧山
田川上149 ⏰9:00～16:30（12～3月
為10:00～16:00）❌視活動而異（詳
見官網）¥600円（附點心）Ｐ有 ‼
正壽院口巴士站步行10分 MAP 28

※：懸掛在傳統建築屋頂山牆頂部等區域的「豬目懸魚」（いのめげぎょ）雕塑，既可防雨，又可裝飾、避邪。其下方兩孔似豬目，輪廓呈心型

石清水八幡宮的「釘目之猿」

關於石清水八幡宮西門橫梁上的猿猴雕刻，有這麼一段逸事：由於猿猴雕刻實在太精巧而有了靈魂，每晚都會溜出去為非作歹，因此有人在猿猴的右眼上釘了一根竹釘，阻止牠再作亂。

將四季妝點得色彩繽紛的「花手水」※發源地

柳谷觀音 楊谷寺 やなぎたにかんのんようこくじ

平安時代以來被奉為能保佑眼病痊癒的寺院。繡球花及紅葉等四季美景也相當出名，近年來以四季花草裝飾得色彩繽紛的「花手水」造成了話題，令人四季都想再三造訪。

（上）紅葉色調層次絕美的花手水，也導入耶誕節等歲時元素，變得更豐富多彩
（右）繡球花的花手水

※：梵文字母以「阿」（張嘴發音）開頭、「吽」（閉嘴發音）結尾。密宗以這兩個字象徵萬物的開始與結束。

☎075-956-0017 ⏏長岡京市浄土谷堂ノ谷2 🕘9:00～16:30 困無休 ¥500円（黃金週、紫陽花及紅葉時期為700円）P有 ‼JR長岡京站車程15分 MAP附錄3 A-5

※：參拜日本寺社前，必須先在水缽或水池舀水洗淨雙手，若水缽或水池中放入鮮花便稱為「花手水」。

德川第3代將軍家光所修建的社殿。樓門橫梁上裝飾有2隻鴿子，右鳥的嘴微張，稱為「阿吽之鴿」※，是護衛八幡神的使者。

朱紅色的社殿上飾有濃彩的美麗雕刻

石清水八幡宮 いわしみずはちまんぐう

859年創建，是全日本首屈一指的驅厄神社。從裝飾濃彩的龍虎及神使鴿子雕刻的樓門開始，升殿參拜即可看到瑞籬的欄間雕刻，也相當美麗。

☎075-981-3001 ⏏八幡市八幡高坊30 🕘6:00～18:00（視時期而異）困無休 ¥境內免費 P有 🚋京阪石清水八幡宮參道纜車八幡宮山上站步行5分 MAP附錄3 B-6

環繞御本殿的瑞籬上，飾有超過150件的欄間雕刻

上面也有「松鼠與葡萄」等珍奇主題的雕刻

想參觀欄間雕刻……
●升殿參拜
期間 2月4日～12月31日
時間 11:00～14:00～
（每次約30分）
初穗料（香油錢）1000円

想前往柳谷觀音 楊谷寺時，建議最好於每月17日去，當天是寺院的廟會。

來到京都想拜訪的話題博物館

京都作為文化之都，也被稱為藝術之城。
每年都會企劃舉辦獨特的展覽，不僅吸引在地民眾，
也是世界各地形形色色的旅客來訪的話題性景點。

明治古都館為重要文化財，
暫停對外開放

位於博物館西側的正門
是重要文化財。內部有
噴水池，並展示羅丹的
「沉思者」雕像

東庭展示朝鮮半島的石
造遺物等

藝術與歷史愛好者的聖地
連建築也很藝術的博物館

京都國立博物館 きょうとこくりつはくぶつかん

1897年以帝國京都博物館之名開館。除了以平安時代到江戶時代的京都文化為中心進行保存與研究外，每年也會舉辦數次主題特展。作為深度認識日本傳統文化的博物館，也受到當地人的喜愛。

☎075-525-2473（電話客服）🏠京都市東山区茶屋町527
🕐9:30～16:30（閉館為17:00，特展舉辦期間會有變更）
🚫週一（逢假日則翌日休），因布展作業而有臨時休館
💴700円（特展費用另計）🅿有 🚏博物館三十三間堂前巴士站下
車即到 MAP附錄4 E-1

↘ 舉辦特展等的「平成知新館」↙

與本館的明治古都館形成對比的新館

開闊的大廳

「平成知新館」除了隨時替換收藏品展示外，每年也會舉辦數次特展。平成知新館於平成時期開館，由世界知名建築師谷口吉生設計，採日本式空間結構，既具現代感又能感受到日式和風。

收藏許多首次公開的精彩作品

福田美術館

ふくだびじゅつかん

收藏眾多與京都有關的日本畫作。以豐富多樣的角度，從約1800件收藏品中挑選作品舉辦主題展。可在極近距離欣賞作品的展示室建築設計，將日本的古代設計加以現代詮釋，頗具魅力。

☎075-863-0606 🏠京都市右京区嵯峨天龍寺芒ノ馬場町3-16 🕙10:00～16:30（閉館為17:00）🈺不定休，換展期間 💴1500円 🅿有 🚃嵐電嵐山站步行4分 MAP附錄16 D-4

（上）被認為是伊藤若冲最初期的畫作《蕉菁雙雞圖》、（左下）圓山應舉的《竹枝狗子圖》中可愛的小狗、（右下）上村松園描繪優雅獨特的美人畫《美人觀月》

與嵐山豐富的自然景觀融為一體

館內的咖啡廳為可眺望渡月橋的觀景點

認識令人感動的漫畫文化

京都國際漫畫博物館

きょうとこくさいマンガミュージアム

日本國內第一座漫畫博物館，讓眾人認識現已世界知名的日本漫畫文化。本館不僅具備圖書館的功能，館藏約30萬件漫畫資料中約有5萬本漫畫能在館內任何地方自由閱讀，也是本館的一大特色。

☎075-254-7414 🏠京都市中京区烏丸通御池上ル金吹町452 🕙10:30～17:00（閉館為17:30），視季節而有變動 🈺週三（逢假日則翌日休）、本館維護期間 💴900円（主題展費用另計）🅿無 🚌地鐵烏丸御池站出站即到 MAP附錄6 D-2

在主展覽室理解漫畫。每年也會舉辦多場主題展及研討會

草地廣場令人印象深刻。本館改建自昭和初期的龍池小學，建築仍保留教室等風貌

美術館也會在換展期間不定期休館，最好事先上官方網站確認。

前往被映照出四季色彩的河水與綠意環繞的藝術與文化城鎮岡崎

除了寺社外，岡崎區內也有許多博物館及美術館，
各式各樣的文化設施在此齊聚。
不妨出門來趟接觸藝術的街道漫步。

兼具傳統與革新，極富魅力的美術館

京都市京瓷美術館

きょうとしきょうせらびじゅつかん

自1933年「大禮紀念京都美術館」※開館以來，作為京都市美術館一直受到喜愛，2020年重新翻修。現在新增因應現代美術的新館「東山立方」以及非公開的中庭等設施，成為更有魅力的開放美術館。

☎075-771-4334 🏠京都市左京区岡崎円勝寺町124 ⏰10:00～18:00（展示室的入場為閉館前30分）🈺週一（逢假日則開館）💴視展覽會而異 🅿有 🚌岡崎公園 美術館・平安神宮巴士站下車即到 MAP附錄13 A-4

※：紀念1928年在京都舉行的天皇即位大典。

撮影：来田猛

撮影：来田猛

❶現存公立美術館當中最古老的建築。自開館以來眾所皆知的本館，仍保留當時的面貌 ❷本館西玄關2樓及西廣間的天花板裝置了彩繪玻璃等，活用歷史建築的設計

威風凜凜的本館。在地下1樓的部分插入「玻璃帷幕」的設計，新舊結合的景觀相當出色

遇見國內外的近代藝術

京都國立近代美術館

きょうとこくりつきんだいびじゅつかん

以京都及西日本的作品為中心，收藏國內外近現代藝術家的畫作及陶藝。無需門票也能到美術館商店。

☎075-761-4111 🏠京都市左京区岡崎円勝寺町26-1 ⏰10:00～17:30（舉辦主題展時的週五～19:30）🈺週一（逢假日則翌日休）💴430円（主題展費用另計）🅿無 🚌岡崎公園 美術館・平安神宮巴士站下車即到 MAP附錄13 A-4

撮影：河田憲政

大廳內，勒・柯比意（Le Corbusier）的椅子井然有序地排列，宛如一幅畫

上野莉奇原創一筆箋各495円

上野莉奇原創A4紙製文件夾各440円

一起漫步岡崎吧

琳派造形藝術的收藏相當充實

細見美術館

ほそみびじゅつかん

主要展示日本美術名作的私立美術館，尤其是琳派及伊藤若冲的畫作收藏之豐富，更是日本國內之最。會配合季節主題舉辦特展。

☎075-752-5555 ⌂京都市左京区岡崎最勝寺町6-3 ⏰10:00～16:30 🈷週一（逢假日則翌日休）、換展期間 🉐視覽而異 🅿無 🚌岡崎公園ロームシアター・みやこめっせ前巴士站步行2分 🗺附錄13 A-4

附設有露臺座的咖啡廳及茶室。可在茶室眺望東山的群山景色並享用抹茶（需預約）

美術館逛逛也務必瞧瞧喔

六兵衞窯的幼犬小碟子各3300円

神坂雪佳的明信片各110円

也順道來這裡看看吧

以現代藝術家的作品為中心，精選可在日常生活使用的器皿。茶葉有2376円的ASANOKA綠茶等，可品嘗不同產地及品種茶葉的差異。

接觸日本的手工藝

essence kyoto

エッセンスキョウト

店主夫婦以「向國內外傳播日本藝術家創作的器皿」為理念所經營的藝廊商店。亦有販售嚴選單一產地茶葉。

☎075-744-0680
⌂京都市左京区岡崎円勝寺町36-1 2F
⏰11:00～18:00 🈷週一、不定休🅿無
🚌岡崎公園 美術館・平安神宮前巴士站步行3分
🗺附錄13 A-4

僅限內用，使用酪梨做的開放式三明治1430円。店頭陳列的麵包亦可內用

點盤華麗的料理稍作休息

Lignum

リグナム（木香）

從可輕鬆享用的開放式三明治到道地午餐，一應俱全的烘焙咖啡廳。也很推薦外帶麵包到岡崎公園及疏水道沿岸享用。

☎075-771-1711
⌂京都市左京区岡崎円勝寺町36-1 1F
⏰9:00～17:30（販售～18:00）
🈷週一 🅿無 🚌岡崎公園 美術館・平安神宮前巴士站步行3分
🗺附錄13 A-4

❶京都國立近代美術館的室外藝術 ❷有蔦屋書店等入駐的京都會館 ❸平安神宮內可看到守護都城的「四神」瑞獸圖案 ❹平安神宮大鳥居旁的京都府立圖書館 ❺在烘焙咖啡廳Lignum稍作休息 ❻櫻花也很美的疏水道沿岸 ❼平安神宮的大鳥居

京都國立近代美術館的4樓是鮮為人知的觀景點，可透過大窗戶眺望平安神宮的大鳥居。

在京都吹起一股新風格的設施
前往新風館及京都立誠花園 Hulic 酒店

將歷史悠久的傳統建築改建成
具京都特色的2棟近代建築，
擁有附庭園及廣場的空間及讓人著迷的商店。

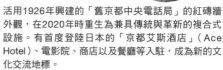

傳統與革新兼具的地標

新風館 しんぷうかん

活用1926年興建的「舊京都中央電話局」的紅磚牆外觀，在2020年時重生為兼具傳統與革新的複合式設施。有首度登陸日本的「京都艾斯酒店」（Ace Hotel）、電影院、商店以及餐廳等入駐，成為新的文化交流地標。

☎075-585-6611 京都市中京区烏丸通姉小路下ル場之町586-2 商店11:00～20:00，餐廳8:00～24:00（視店鋪而異）不定休 無 地鐵烏丸御池站出站即到 MAP 附錄11 A-1

1 新風館的北側入口。本館活用被京都市指定登錄文化財第一號的建築物 2 聽得到河川聲、綠意盎然的中庭 3 「京都艾斯酒店」是一生一定要住一次的高級酒店，還能享用國際色彩豐富的料理及咖啡

前往充滿藝術的空間

還有這些商店入駐

書架環繞的蔬果店

OyOy季節蔬菜拼盤1850円

可享受書籍與蔬果的咖啡廳

本と野菜 OyOy ほんとやさいオイオイ

由專售有機蔬菜的京都「坂ノ途中」與海鷗書店聯合經營的「鷗來堂」。不僅能享用當令蔬菜水果做的料理及甜點，還能尋找中意的書。

☎075-744-1727 11:00-21:00，週一、三、四～20:00（咖啡廳～19:00）。餐點僅週五～日為11:00～15:00，17:00～20:00 週二、同新風館

（上）先到入口處旁的櫃檯點餐
（左）抹茶蜜冰1250円

以剉冰來表現京都四季

お茶と酒 たすき※ おちゃとさけたすき

以當令食材配合歲時節慶製作的創意剉冰。在陳設雅致的店內，可品嘗使用酒類等製作的美味剉冰及各種賞心悅目的甜點。

☎075-744-1139 11:00～20:30（21:00打烊）不定期休息（同新風館）

※：たすき（襷）是日本人勞動時將和服長袖挽繫在腋下的肩腰帶。

享受被藝術包圍的時光

「京都艾斯酒店」的內部裝潢由洛杉磯的Commune Design公司操刀，外觀設計及大廳的木架由建築師隈研吾先生擔任監督。基於East Meets West的概念，東洋與西洋的融合極具特色。

立誠ガーデンヒューリック原樓

保留學校風格
復古摩登的空間

京都立誠花園Hulic酒店

りっせいガーデンヒューリックきょうと

改建自1927年興建的立誠小學校舍的複合設施，由保存原貌翻新的既有大樓與新建大樓所構成，內有酒店、出租大廳、圖書館及咖啡廳等，以前的校園則作為「立誠廣場」，成為一處人們可以各隨所好體驗的空間。

☎無 ♱京都市中京區蛸藥師通河原町東入ル備前島町310-2
🕐視店鋪而異 🈹視店鋪而異
🅿無 ‼阪急京都河原町站步行4分 MAP附錄10 E-3

1面向木屋町通的正面玄關 **2**位於複合設施內的「立誠圖書館」。本館內有4處角落圖書館，收藏約3000本書 **3**備有多樣風格客房的「京都高瀨川THE GATE HOTEL」。也有可欣賞東山大全景的酒吧及餐廳，這在京都相當罕見

1樓的酒店入口

還有這些商店入駐

香氣誘人的空間

人氣的室內
香氛產品

用香氣表現京都的美麗風情

Cotoiro 京都立誠花園Hulic酒店內

コトイロりっせいガーデンヒューリックきょうとてん

備有表現出京都風情與色彩、四季更迭的原創香氛產品，以及與京都有淵源的作家所創作的手工藝品。入內可遇見專屬個人的舒適小物。

☎075-223-5012 🕐11:00～19:00 🈹週四

（上）受在地民眾喜愛的吐司1斤756円～、（左）甘王草莓、葡萄等各種AMACO飲料450円～

以發酵為主題的咖啡廳

AMACO CAFE アマコウカフェ

「京漬物西利」所開設的咖啡廳。可品嘗以長年培育的「乳酸發酵甘麴」做成的麵包與甜點。擱置一段時間還是很鬆軟的吐司頗受好評。

☎075-746-3123 🕐10:00～22:30（18:30～22:00為BAR點餐）🈹無休

前立誠小學是京都市內現存最古老的鋼筋混凝土校舍，被認為是羅馬式建築。

既可品嘗招牌人氣和風甜點
還能購買伴手禮的甜點店

在優良和菓子店林立的京都，
品嘗和風甜點度過幸福時光，
順道前往人氣甜點店選購多樣的伴手禮。

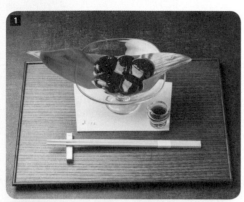

1 使用國產本蕨粉做的蕨餅1400円。點餐後才仔細捏製的逸品 **2** 邊欣賞別具風情的枯山水庭園，邊悠閒享用甜點 **3** 屋齡超過百年的數寄屋
※建築位於離下鴨神社不遠的閑靜住宅區　　　　　　　　　※：茶館風格的住宅樣式

邊欣賞庭園邊品嘗稀有的蕨餅

茶寮 寶泉
さりょうほうせん

使用最高級丹波大納言紅豆等嚴選食材的菓子店寶泉堂茶寮。人氣最旺的是黑色有光澤的蕨餅（限定內用），能充分嘗到黑蜜高雅的風味，以及本蕨粉特有的Q彈。

☎075-712-1270
🏠京都市左京区下鴨西高木町25
🕙10:00～16:30 🈔週三、四
🅿有 🚉下鴨東本町巴士站
步行5分 ᴍᴀᴘ附錄8 E-2

代表銘菓「賀茂葵」一袋3片裝710円～

在老店品嘗一盤備受喜愛的甜點

梅園 三條寺町店
うめぞのさんじょうてらまちてん

1927年創業的甘黨茶屋梅園的姊妹店。除了御手洗糰子及餡蜜等長年受到喜愛的甜點外，匯集歷代甜點的「花點心」也值得注目。還能嘗到造型可愛的銅鑼燒「紅豆餡花束」。

☎075-211-1235 🏠京都市中京区天性寺前町526 🕙10:30～19:00（19:30打烊）
🈔無休 🅿無
🚇地鐵京都市役所前站步行5分
ᴍᴀᴘ附錄10 D-2

1 實現貪心的甜食愛好者願望的「花點心」980円。加抹茶＋530円 **2** 在布置木質家具的寬敞空間，享用老店的甜點及休息的時光 **3** 改建自舊食堂的店鋪充滿復古摩登的氛氛

餅皮柔軟彈牙的「紅豆餡花束」3種972円

冬天也能嘗到琥珀流

以前「栖園」的琥珀流（寒天）在冬季時停賣。由於琥珀流大受歡迎，因此誕生了1月白味噌、2月可可、3月甜酒釀口味，變成全年都能享用。

讓人著迷的京都／也能購買伴手禮的甜點店

1 淡茶附生菓子1380円。以寓意吉祥的豆沙糰子來表現新綠，能感受來店時的季節及京都歲時節慶的生菓子 **2** 可在座位上好好放鬆 **3** 黑蜜或白蜜任選的葛切（葛粉條）1400円。不僅夏天，在冬天也是人氣的咖哩品項

讓人想一來再來的老字號和菓子店

鍵善良房 四條本店
かぎぜんよしふさしじょうほんてん

江戶時代享保年間（1716～1736）創業的老店，販售因應四季、京都歲時的和菓子。店內的茶房除了著名的葛切外，還有本店限定的蕨餅，先品嘗附生菓子的淡茶，度過感京都四季的時光。

☎075-561-1818 🏠京都市東山區祇園町北側264 ⏰10:00～17:30（視擁擠情況會提早打烊）🈺週一 🅿無 🚉京阪祇園四條站步行7分 🗺附錄12 A-2

乾菓子菊壽糖為本店的代表銘菓。照片為秋季的限定色彩2900円

1 3月下旬登場的琥珀流「櫻花」850円。表面漂浮著鹽漬櫻花瓣，讓人充分感受春天風情 **2** 以京都第一家販售長崎蛋糕的店聞名。別具風格的町家氛圍述說著歷史 **3** 內有坪庭，店內裝飾古色古香

反映京都四季的風雅寒天甜點

大極殿本舖六角店 甘味處栖園
だいごくでんほんぽろっかくみせあまみどころせいえん

長崎蛋糕也相當有名的老字號京都和菓子店，大極殿本舖創於1885年。著名的「琥珀流」為口感滑溜的寒天凍與糖蜜攜手譜出美麗滋味的逸品。有櫻花、薄荷、葡萄等口味，可享受季節變換的滋味。

☎075-221-3311 🏠京都市中京區六角通高倉東入ル南側 ⏰10:00～17:00（販售為9:00～18:00）🈺週三 🅿無 🚉地鐵烏丸御池站・四條站步行7分 🗺附錄11 B-2

雞蛋風味豐富的「春庭良（長崎蛋糕）」半條675円

「梅園」的「紅豆餡花束」有紅茶、抹茶等各種口味的紅豆餡。

37

享受全年都吃得到的美食刨冰
京都的刨冰專賣店

人氣美食刨冰也是甜點的一種。
也有水果及櫻花等配合季節的品項，
可到京都的刨冰專賣店品嘗。

能奢侈享用和洋食材的綿密刨冰
京氷菓つらら きょうひょうかつらら

使用徹底溫控維持最佳狀態的
純冰削成口感綿密的刨冰。包
括以當令水果為裝飾的季節品
項及使用「和束茶」的和風甜
點刨冰等，品項相當豐富。

☎075-811-3330 🏠京都市中京區
西ノ京内畑町22 🕐11:00～18:30
（夏季為10:30～19:00）🈲週二
（逢假日則營業）🅿無 🚻千本舊
二條巴士站步行3分 MAP附錄7 A-2
※需在2週前點選Instagram的連
結，上AirRESERVE預約

1位於閒靜的住宅區 **2**店內到處充滿
和風風情 **3**生巧克力草莓1400円。
酸酸甜甜的草莓搭配味苦的巧克力糖
漿及生巧克力醬，滋味絕妙

1擺上大量水果的可爾必斯牛奶刨冰1300円。可嘗到水果＋可爾必斯＋
煉乳酸酸甜甜的滋味 **2**改建自町家的店內。除了吧檯座外，內部也有
桌位座。**3**座落於京都市登錄有形文化財的島原大門旁

淋上大量活用食材原味的自製糖漿
鹿の子 かのこ

以自製糖漿大受歡迎的冰
店。煉乳及糖蜜也都是手工
製，點餐後才將水果與糖蜜
一起放入果汁機內。冰有兩
種可任選：以名水之里聞名
的八岳南麓的天然冰及奈
良日之出製冰的純冰。

☎075-708-7150
🏠京都市下京区西新屋敷上ノ
町126 🕐11:00～17:00（售完打
烊）🈲不定休 🅿無
🚻JR丹波口站步行9分
MAP附錄5 B-1
※前一天可在Instagramn私訊
預約（夏季不可預約）

有冰窖的下鴨神社

下鴨神社▷P.131內有類似天然冰箱的冰窖，於2022年重新啟用。似乎也運用在保存供奉神明的供品「神饌」。

有各式各樣讓人著迷的獨特品項

yoridocorohiyori ヨリドコロヒヨリ（容身晴空）

隨時都能品嘗到3～4種使用季節水果及蔬菜等講究的刨冰品項。使用黑豆及紅豆等豆類的和風刨冰也頗受好評，擁有眾多粉絲。

☎無 🏠京都市下京区柿本町589木下ビル1F ⏰10:00～17:30（視季節變動）🈺不定休 🅿無 🍴阪急大宮站・嵐電四條大宮站步行8分 MAP附錄7 C-4 ※於2天前的21時起可點選Instagram的連結，上AirRESERVE預約

🔵🔵在白色牆壁與古董風格家具融為一體的店內，充滿放鬆感 🔵酵素檸檬冰1200円。以檸檬凝乳及香蕉慕斯做裝飾

餐具充滿品味、裝滿水果的藝術刨冰

嘘と僕 うそとぼく

可在採完全預約制的洗練空間品嘗外觀令人陶醉的刨冰。使用充滿個性的藝術餐具，裝滿水果、紅茶凍及淋上自製牛奶糖漿的刨冰來享用。

☎無 🏠宇治市折居台3-2-183 ⏰11:00～14:00（完全預約制）🈺週一、二、五、不定休（詳情請上Instagram確認）🅿2輛 🍴JR宇治站步行18分 MAP附錄18 A-4 ※Instagram私訊預約（嘘と僕的預約方法必讀）

🔵可吃到果凍及冰淇淋的季節果實百匯（Parfait，芭菲）1500円。使用動物主題餐具盛裝也相當有趣 🔵店內布置了店主的丈夫親手油漆的牆面及桌子，讓人舒適放鬆 🔵擁有白牆的時尚店內也可當成展示室

據說在可內用的京都和菓子店，也有許多店會配合季節供應抹茶刨冰等。

前往京都老店所經營的時尚咖啡廳

在超過百年的歷史中，不僅守護傳統，
同時因應時代持續嘗試新挑戰的京都名店。
何不前去拜訪充滿老店心意的咖啡廳呢？

誕生自本店的人氣商品「隨心所欲」（Tsubara tsubara）的「生Tsubara」及飲料套餐1298円～。內餡添加馬斯卡彭（Mascarpone）起司，可從抹茶、柚子、蘭姆葡萄乾及季節口味中任選2種

以白色為基調的店內，光線自偌大的窗戶照進來

在師傅嚴選食材製作的內餡中添加洋風
tubara café（隨心所欲咖啡）
ツバラカフェ

京菓子老店「鶴屋吉信」為了讓更多人知道真正紅豆餡的美味，在總店旁開設的咖啡廳。可在具開放感的摩登空間，品嘗添加馬斯卡彭起司等西式食材的新感覺和菓子，搭配咖啡或紅茶都很適合。

☎075-411-0118
🏠京都市上京区今出川通堀川西入ル西船橋町340-5
🕐11:30～17:00 🈲週二、三
🅿有 🚏堀川今出川巴士站下車即到 MAP附錄9 C-4

各式各樣復古設計的北歐風格椅子令人印象深刻，與旁邊純和風的總店形成鮮明對比，饒富趣味

令人懷念的布丁佐牛奶冰淇淋

無礙山房 Salon de Muge

むげさんぼうサロンドムゲ

老字號料亭「菊乃井」設立的別館沙龍。可輕鬆品嘗第3代店主所構思的菜單。午餐有名產時雨便當，下午茶可享用抹茶百匯及現做蕨餅等甜點及咖啡，還能欣賞綠意盎然的庭院。

☎075-744-6260 🏠京都市東山区下河原通高台寺北門前鷲尾町524 ⏰11:30～17:00（用餐～13:00）🈭週二 Ⓟ無 🚌東山安井巴士站步行7分 MAP附錄12 C-3

1 織部燒的磁磚令人印象深刻 2 在茂盛綠景環繞下靜靜佇立的建築 3 古早布丁1100円。口感扎實的布丁搭配濃郁的牛奶冰淇淋一起享用 4 窗外可看到一大片清新的苔庭，春季時櫻花也很美

講究的味道與奢華工藝品的合作

Kaikado Café

カイカドウカフェ（開化堂咖啡廳）

茶罐老店開化堂所經營的咖啡廳。特別的品項包括茶罐形狀的起司蛋糕、人氣烘焙坊的麵包，以及與朝日燒、公長齋小菅等合作，採用工藝技術出色的咖啡杯、餐具。

☎075-353-5668 🏠京都市下京区河原町通七条上ル住吉町352 ⏰10:00～18:00（18:30打烊）🈭週四 Ⓟ無 🚉京阪七條站步行5分 MAP附錄4 D-1

1 越過吧檯可看到牆上展示的美麗茶罐 2 偌大的窗戶能突顯北歐風格設計的家具 3 使用開化堂點心罐的點心罐套餐（2人起～）6000円附飲料。建議事先預約 4 將90年歷史的洋樓重新翻修

賞心悅目的美味令人陶醉
享用美麗的百匯

主廚手工製義式冰淇淋搭配季節水果，
還有運用黃豆粉及日本和栗等和風食材的百匯。
外觀味道皆充滿魅力的百匯是熱門話題。

3種義式冰淇淋
完美結合

（上）巧克力百匯
1595円（左）位於連
接新京極通與寺町通
的小巷內。一開門就
看到五彩繽紛的義式
冰淇淋迎接訪客

SUGiTORA
スギトラ（杉虎）

在世界盃甜點大賽榮獲亞軍的義式
冰淇淋店。以水果為首，有多種使
用當令食材及嚴選牛奶做成的繽紛
口味。巧克力百匯是以巧克力、牛
奶、紅色果實、伯爵茶義式冰淇淋
及蛋白霜為配料。

☎075-741-8290
⚑京都市中京区中筋町488-15
🕐13:00～18:00 🈺週二、三 🅿無
🍴阪急京都河原町站步行10分
MAP附錄10 D-3

香料、洋酒與甜點
的著名組合

（上）本日百匯（1550
円～）隨季節而有變
動。照片為金柑與八
朔柑橘（左）店內以
英國與中國等東西方
古董調和搭配

酒菓喫茶 かしはて
しゅかきっさかしはて

出身於京都傳奇咖啡廳「efish」的
得能めぐみ小姐以「西洋與東洋的
混合」為主題，提供酒與甜點。由
當令水果、小豆蔻及白蘭地的冰淇
淋等組合而成的百匯，彰顯了店主
的出眾品味，是成人喜愛的口味。

☎無 ⚑京都市左京区浄土寺上南田町
37-1 🕐12:00～16:30（早上的菓子之會
10:00～12:00，需於3個營業日前以IG私
訊預約）🈺週三、不定休 🅿無 🍴銀閣
寺道巴士站步行7分 MAP附錄13 C-2

細緻芳香的黃豆粉
原有的美味

（上）焙炒黃豆粉
百匯1350円（左）
翻修自古民宅，摩
登沉穩的店內一景

吉祥菓寮 祇園本店
きっしょうかりょうぎおんほんてん

起源於江戶時代中期菓子茶房的甜
點店。使用講究深烘焙的日本黃豆
粉，芳香而又醇厚的風味讓人無法
抗拒。豆乳牛奶凍及焙茶凍的圓潤
口感，搭配蛋白霜的酥脆口感增添
亮點。

☎075-708-5608 ⚑京都市東山区古門
前通東大路東入ル石橋町306 🕐11:00
～18:00（咖啡廳～17:30）🈺無休 🅿
無 🍴知恩院前巴士站步行即到
MAP附錄12 B-1

連蓋子上的插圖也好可愛的餅乾罐

杉虎（SUGiTORA）在京都塔大樓的KYOTO TOWER SANDO也設有分店。限定餅乾罐大受歡迎，老虎餅乾相當可愛。

自製甜點讓人心動！ 滿滿草莓的百匯

（上）草莓百匯1800円（左）本店牆上擺滿了色彩鮮豔的自製糖漿及果醬瓶

KITANO LAB
きたのラボ（北野實驗室）

使用農家直送水果及食材做的自製果醬及糖漿專賣店。草莓百匯所添加的食材全是手工製作，鮮奶油、果凍及果醬交融，一股溫和的甜味在口中瞬間擴散。

☎075-496-8777 🏠京都市上京区御前通一条上ル馬喰町914 🕐12:00～18:00 🈺週一、二 🅿無 🍴嵐電北野白梅町站步行7分 🗺附錄9 A-4

眺望八坂塔 享用宛如藝術品的百匯

（上）甘王草莓提拉米蘇百匯2300円（左）從店內窗戶可眺望八坂塔。百匯品項共3種

DORUMIRU八坂之塔
ドルミールヤサカノトウ

圓圓的焦糖香蕉百匯讓人印象深刻，連餅乾及起司蛋糕全都是甜點師手工製作。繼續吃下去就會出現奶凍及果凍等豐富多樣的甜點，焙茶冰扮演了絕妙的協調者角色。

☎075-366-5000 🏠京都市東山区金園町388-3 🕐12:00～17:00 🈺週三 🅿無 🍴清水道巴士站步行5分 🗺附錄12 B-4

日本和栗與當令水果的奢華和聲

（上）日本和栗與季節水果百匯2750円（左）改建自町家的空間。吧檯內有整面窗，可看到鴨川

丹波くり・和栗專門 紗織
たんばくりわぐりせんもんさおり

以最高級丹波栗為首的日本和栗專賣店。點餐後才現擠1mm細的栗泥百匯，這份奢侈甜點能同時品嘗當令水果與日本和栗。新鮮水果、果凍與濃郁的日本和栗風味相當協調。

☎075-365-5559 🏠京都市下京区木屋町通高辻上ル和泉屋171-1 🕐10:00～17:30 🈺不定休 🅿無 🍴阪急京都河原町站步行5分 🗺附錄6 E-4

說到京都就不能不提到抹茶百匯。老字號茶鋪及甜點店P.70等抹茶百匯的種類相當豐富。

推薦在此稍作休息
充滿個性的咖啡廳

來杯使用自家精心烘焙咖啡豆
及咖啡師運用技巧沖泡的美味咖啡，休息一下吧。
下面介紹充滿個性還能享受咖啡香的咖啡店。

火腿起司法式吐司佐焦糖醬1800円

❶錦市場旁邊 ❷
本店使用有機JAS
日本農林標準認
證及國際公平貿
易FLO認證的良知
咖啡等，是咖啡廳
文化的原點及展
望未來的店

附中庭的町家，由咖啡名店所經營

小川珈琲 堺町錦店 おがわこーひーさかいまちにしきてん

以「百年後仍持續的店」為
理念。由京都名店「小川珈
琲」所經營，從空間設計到
品項menu都相當講究，店

裡的咖啡都是手沖咖啡。
使用有機棉咖啡濾布手沖，
味道更顯濃郁醇厚。

☎075-748-1699 🏠京都市中京
区堺町通錦小路上る菊屋町519-
1 🕐7:00～19:30（20:00打烊）
🈳無休 🅿無 ‼阪急烏丸站步
行6分 MAP附錄11 B-3

亦備有早餐
供應

❶在裊裊咖啡
香的環繞下，等
待時間也成了
一種妙趣 ❷人
少時，也可坐在
店前的長椅上
小歇一下

佇立在街上彷彿茶室般的咖啡站

WEEKENDERS COFFEE 富小路
ウィークエンダーズコーヒーとみのこうじ

人氣烘焙工坊經營的咖啡
站。以淺焙為主，可享受依
季節嚴選進貨的新鮮咖啡
豆香味與酸味，也可輕鬆

外帶使用當天推薦咖啡豆
細心沖泡的咖啡。

☎075-746-2206 🏠京都市中京区富小路通六角下ル西側骨屋
之町560 🕐7:30～18:00 🈳週三（逢假日則營業）🅿無 ‼阪
急京都河原町站步行8分 MAP附錄11 C-3

邊看著裝飾前庭的花草感受季節的變化，邊啜飲咖啡

Okaffe kyoto經營的咖啡豆販賣所

岡田章宏先生基於「想自行烘豆」的念頭，因而開設「Okaffe ROASTING PARK」。這裡也能喝到咖啡。

1 著名的甜食麵包銅鑼燒500円。醇厚的深焙Dandy Blend咖啡550円 **2** 以小巷深處可看到的岡田先生剪影為標誌

有知名咖啡師溫暖迎客的巷內咖啡廳
Okaffe kyoto
オカフェキョウト

素有「咖啡師界表演家」之稱，曾在國內外大賽得獎的岡田章宏先生所開的店。有不少粉絲被岡田先生直爽的笑容與談吐，以洗練的動作沖泡香氣濃郁的咖啡所鼓舞，因而來店光顧。

☎075-708-8162 🏠京都市下京区綾小路通東洞院東入ル神明町235-2 🕐9:00～19:30（用餐～18:00）🈲無休 🅿無 🍴地鐵四條站步行3分 MAP附錄6 D-3

擁有日本盃咖啡大師冠軍等實績的岡田先生

- -

冷萃冰咖啡（COLD BREW）特調660円。也有搭配栗餡包子的套餐

1 可以坐在長椅上，度過享受大自然的時光 **2** 一杯杯手沖的特調咖啡，備有絕佳平衡的中焙咖啡豆及沉穩的深焙咖啡豆2種

位於神社境內，以自家烘焙咖啡喚醒到訪的客人
Coffee Base NASHINOKI コーヒーベースナシノキ（梨木）

本店是將梨木神社的舊茶室改建成咖啡站。堅持使用新鮮咖啡豆自家烘焙的精品咖啡，都是使用神社境內名水染井的水沖泡。採用完全預約制，亦有體驗新發現的咖啡全餐。

☎075-600-9393 🏠京都市上京区染殿町680 梨木神社境内 🕐10:00～17:00 🈲無休 🅿無 🍴府立医大病院前巴士站步行3分 MAP附錄8 D-4

門簾令人印象深刻的店

自家烘焙咖啡店大多也有販售咖啡豆。如果有喜歡的咖啡豆不妨買回家自己動手沖。

在古老美好的洋樓及町家
愜意度過古典的京都午茶時光

從日本茶、中國茶到紅茶，種類繁多。
不妨搭配美味點心等感受茶文化，
在京都特有的空間享受優雅時光。

1 KIKI's抹茶英式奶油茶點2057円。茶具是使用擁有170年歷史的英國瓷器品牌Burleigh的產品 **2** 改建自曾是郵局的洋樓 **3** 附KIKI's特製豬肉咖哩＋司康餅套餐，每天限定20份 **4** 簡單的內用空間 **5** 販售「amsu tea」的茶包及茶葉等

**以英式咖啡廳形式
盡情享受優雅的午茶時光**

TEA ROOM KIKI 京都・嵐山總店 ティールームキキきょうとあらしやまほんてん

位於人氣觀光地嵐山的紅茶及司康餅專賣店。店內改建自曾是郵局的洋樓，充滿懷舊氣氛。沾滿大量鮮奶油的司康餅等英式奶油茶點搭配紅茶一起享用，相當推薦。紅茶是使用符合日本人口味的「amsu tea」（進口的優質錫蘭紅茶、印度大吉嶺紅茶與阿薩姆紅茶），備有約20種茶葉，亦可買回家當作伴手禮，享受讓人精神煥發的午茶時光。

☎075-432-7385 ⌂京都市右京区嵯峨天龍寺車道町1
🕙10:30〜18:00（LO16:30）
㊡不定休 MAP無
‼嵐電嵯峨站出站即到
MAP附錄16 D-3

1 本店為屋齡百年的町家，可親近日本茶文化，發現享受日本茶的方式。也可預約品嘗茶懷石5500円等 **2** 搭配將茶淋在包子上享用的點心茶餐 **3** 品嘗比較3種茶飲3300円～ **4** 碗裝和菓子搭配日本茶套餐3850円 **5** 別具風情的入口處

**在充滿優雅氣息的町家茶房
認識新的品茶方式**

○間-MA- ま

為宣揚日本茶以及日本文化，提倡新品茶方式的茶房。在透過翻修復活的大正時期町家風情中，品嘗比較茶飲及茶懷石料理，利用美食、藝術、香味、音樂等多種文化來享受日本茶時光。此外，也能體驗本店與點心師傅所構思搭配的點心茶餐等。備有日本紅茶、中國茶等約200種茶葉，也是本店的一大魅力，可購買成伴手禮。

☎075-748-6198 ⚑京都市南区西九条比永城町59
🕐11:00～17:00（完全預約制）
🈺週二、三 🅿無
🚉近鐵東寺站步行10分
🅼🅰🅿附錄5 C-3

○間-MA-店內有販售茶葉、藝術品及工藝品。有時也會舉辦活動及講習會。

沉浸在身邊隨處有藝術的空間
豐富生活的手工藝世界

藝術的世界能豐富每天的日常生活。
佇立於住宅區中的閑靜獨棟房屋邀你
與京都誕生的工藝品盡情面對面。

前往寬次郎的工作室&生活空間

河井寬次郎紀念館 かわいかんじろうきねんかん

河井寬次郎是大正昭和時期的陶藝家，同時也是參與民藝運動的成員。在這棟寬次郎親自設計與裝潢的自宅兼工作室的紀念館，可近距離欣賞陶器、木雕等作品及收藏品，細細觀賞河井寬次郎與家人生活的建築空間及被寬次郎發現「美感」的日常生活器具。

☎075-561-3585 ♔京都市市東山区五条坂鐘鑄町569 🕙10:00〜17:00（入館〜16:30）困週一，逢假日則翌日休（夏季及冬季休館）
¥900円 Ｐ無 🚏馬町巴士站下車即到 MAP 附錄4 E-1

1 這棟1937年興建的木造房屋作為紀念館對外公開。屋後仍保留一座蛇窯※ 2 寬次郎書齋位於2樓，可自由坐在椅子上這點令人高興 3 除了擺放在陳列室的陶製腰帶扣，還能看到黃銅製煙管等小型作品 4 被指定為京都市歷史設計建築
※：日本「登り窯」中文稱為蛇窯，窯體為細長型，位於斜坡上，形狀似蛇而得名。

迎接來館觀眾的招牌貓「Eki」

河井寬次郎紀念館的招牌貓是從寬次郎逝世50年展時開始露臉，其名字據說是取自當時作為展覽會場的美術館「EKI」KYOTO。

5寬次郎所設計的家具及拉門門把等，連細節也值得注目 6每天都會來上班的招牌貓Eki 7 2樓的房間。裡面也有擺放使用新建當時剩下的木材所製作的木雕貓像

這裡的版畫館也很推薦

認識德力富吉郎版畫魅力的空間

京都德力版畫館
きょうととくりきはんがかん

德力家族出身自曾留下不少國寶作品的西本願寺繪所。第十二代傳人富吉郎（1902～2000）的木版畫製作才能也受到肯定，成為版畫界第一人。2樓是不需預約即可前往的商店，3樓則設有需預約的德力版畫文庫。

☎075-761-0374 ╱京都市左京区聖護院蓮華蔵町33 ○10:00～17:00（文庫～16:30，需於前一天預約） 週三、日及假日 免費 無 京阪丸太町站步行5分 附錄6 E-2

獨特的招牌也值得注目

1有販售明信片及禮金袋等 2別具風格的玄關 3 3樓文庫除了作品之外，還有展示許多參考資料

掛在河井寬次郎紀念館入口處的大塊門牌也值得一看，上面的字是出自寬次郎的朋友棟方志功之手。

在京都旅行時
哼唱這首歌就會很方便

一般認為京都的街道呈棋盤格狀，
因此路好走又好認。只要熟記下面這首歌，
走起來會更愉快。

京都路名歌♪

為了記住京都市內的路名所寫的歌。據說這首歌誕生於室町時代後期，直到江戶時代才普及。

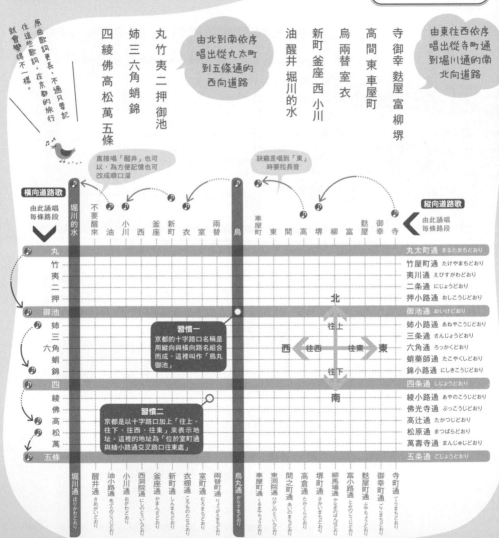

京都的美食

京都是珍惜食材原味的美食之都。
在京都，有像穿日常便服般舒適順口的京都家常菜、
也有正式場合才出現的京都料理，
以及連舞妓也喜愛的甜點等，
經過歲月千錘百鍊的滋味。
不妨享用「永誌難忘的美食」
來滿足口腹與心靈吧。

想在一天的開始
品嘗豐盛的京都早餐

漫步京都，就從早起吃早餐開始。
有高湯入味的和食、京都家常菜定食，
以及老店咖啡廳的早餐，任君選擇。

熱呼呼的白飯搭配菜與湯，盡享奢華時光

■ 喜心的早餐3300円。在豆包生魚片之後是一飯一湯，內容有白飯、熱湯、沙丁脂眼鯡魚乾及醃菜。亦備有雞蛋等　■ 湯有京白味噌豬肉湯、什錦蔬菜清湯及海鮮和風蕃茄湯3種可選　■ 吧檯座散發出讓人胃口大開的香味　■ 現煮白飯從剛起鍋的第一口飯開始依序品嘗　■ 位於「鈴祇園花燈路酒店」的1樓

朝食喜心 kyoto
ちょうしょくきしんキョウト

如同取自禪宗教義「飲食是維繫生命，應該歡喜接受的神聖行為」的店名所示，可以品嘗細心烹調的傳統早餐。備有為了來店客人所煮的土鍋飯及豐富小菜，一飯一湯的組合，有3種湯可任選。

☎075-525-8500　⌂京都市東山区小松町555
🕐完全預約制，需上官網確認　㊡週三、四　🅿無
🍽京阪祇園四條站步行3分
🄼🄰🄿附錄12 A-2

在鮮蔬烹飪的Buffet享用京都的早餐

在「都野菜 賀茂 烏丸店」，一大早就能以Buffet形式享用京都早上現採當令蔬菜做的沙拉及京都家常菜。rhttps://nasukamo.net/

在保留町家風貌的店內
享用從紐約回歸的魚定食

可任選的魚料理，附白飯、味噌湯及5種小菜的一湯五菜2200円

LORIMER 京都
ロリマーきょうと

在紐約經營以鮮魚製作一湯三菜定食店「Okonomi」（お好み／喜好）的原口雄次先生，在日本所開設的1號店。魚料理為主菜的定食配合食材改變調理的方法，先熟成再炙烤。

☎075-366-5787 🏠京都市下京區東洞院通六條下ル橋詰町143 ⏰8:00～14:30（週六、日為7:30～）🈺週三 🅿無 🍴地鐵五條站步行3分 🗾附錄4 D-1

1除了有陽光照入的窗邊座位之外，2樓也有桌位座 **2**翻修自舊町家的店

在老字號咖啡廳的總店
享用限定早餐

營養均衡的京都早餐1480円，限定早上11前

INODA COFFEE本店
イノダコーヒほんてん

在地人也相當喜愛的咖啡店。可以享用正統早餐：遵照德國火腿師傅的傳統方法製作的無骨火腿、鬆軟的西式炒蛋和沙拉，及濃濃奶油香的可頌麵包。

☎075-221-0507 🏠京都市中京區堺町通三条下ル道祐町140 ⏰7:00～18:00 🈺無休 🅿有 🍴地鐵烏丸御池站步行10分 🗾附錄11 B-2

1以深紅色椅子等復古氣氛博得人氣的舊館 **2**面向堺町通，風格獨具的店面

「LORIMER 京都」也會不定期販售新鮮蔬菜，可將當令的美味食材帶回家。

想度過特別的夜晚
就去最受推薦的京都料理店

晚餐稍微奢侈一下，享受京都美食的世界。
前往年輕店主的店裡，可以放鬆心情享用，
品嘗悠久歷史所孕育的美食之都，京都特有的美味。

散發芝麻香的雲龍豆腐
外酥內軟

3種當令生魚片拼盤

蓮藕蒸鯖魚搭配添加蕎麥籽的澆汁
（配料煮成後勾芡的滷汁）一起享用

用信樂燒土鍋煮出
鬆軟的鯛魚鍋飯

菜單

古都套餐 7500円

先付（開胃前菜）
お吸物（清湯）
お造り（生魚片）
燒物（燒烤）
溫物（燉煮）
釜炊きご飯（鍋飯）
デザート（甜點）
…等共8道

推薦搭配日本酒
一起享用的割烹料理

用西京味噌醃漬五島列島
捕獲的花尾胡椒鯛

割烹 佐樂 かっぽうさらく

興建於閑靜的御所南的割烹料理店。使用敦賀及瀨戶內
海的鮮魚、京都龜岡的蔬菜做的套餐料理，與店主親自
挑選的西日本各地名酒都很搭配。請好好欣賞京燒的美
麗器皿，在女性設計師打造的摩登空間享用美食。

☎075-241-7571
🏠京都市中京区柳馬場通夷川北東角5-239-1
🕐17:00～20:00最終進店（預約制）
㊡週日、一 🅿無
🍴地鐵丸太町站步行6分
MAP 附錄6 D-2

清爽寬敞的吧檯

甜點是蒸南瓜布丁

祇園くらした

ぎおんくらした（祇園生活）

靜靜佇立在祇園甲部歌舞練場北門前
的京町家。店主每天親自去市場精選
食材，烹調出散發季節香氣的料理款
待來賓。請盡情享用師傅發揮熟練技
巧所做的懷石料理。

☎075-551-1505
🏠京都市東山区祇園町南側570-157
🕐12:00～14:00（週六、日及假日為11:30
～）、17:00～20:30 🈺不定休 🅿無 🚉京阪
祇園四條站步行10分 MAP附錄12 B-3

除了桌位之外，也
有和式座位以及
包廂

散發花椒香味的
花椒樹芽烤鱒魚

小章魚及鴨胸肉等
色彩繽紛的下酒菜

在祇園的町家品嘗
一期一會的美味

菜單

湯豆腐宴席料理
7150円

八寸（下酒菜）
湯豆腐
揚物（油炸類）
…等共9道

※照片為菜單的範例之一

諸子魚、鮭魚卵及蝦等，
豐富多樣的前菜

精緻的滋味
讓人露出微笑

這天料理的吸物是蜂斗菜
真薯湯

菜單

夜晚套餐
8800円～

前菜
お造り（生魚片）
吸物（清湯）
燒物（燒烤）
燉合（燉菜）
散壽司
…等共10道

二條 藤田

にじょうふじた

使用清淨的井水，充分引出季節食材
原有味道的套餐料理，餐具的運用及
色彩之美都是魅力所在。可隔著吧檯
與笑臉迎人的店主藤田敏晴聊天，也
是本店的一大樂趣。

☎075-213-0511
🏠京都市中京区二条通寺町東入ル榎木町76
🕐17:00～20:00（最終進店）
🈺週三 🅿無
🚉地鐵京都市役所前站步行5分
MAP附錄6 E-2

穿過門簾就會看到
一枚板吧檯

割烹 佐樂備有約20種日本酒。只要拜託店主，就會依照顧客喜好挑選適合的酒。

舒適的空間也是美味的秘訣
在町家品嘗特別餐點

既然來到京都，當然要在能感受京都特色的空間裡度過時光。
寧靜的町家除了享用和食外，
還能品嘗與空間調和的各國料理，度過優雅時光。

1 新菜單為蒸包子。搭配抹茶加110円
2 也有桌位座與和式座位
3 冰淇淋「最中餅」※御膳2200円
4 季節蔬菜蒸籠飯附抹茶奶凍

蒸包子套餐
……1870円

季節蔬菜蒸籠飯
……2750円

可享用午餐與甜點的祇園咖啡廳
祇園 ふじ寅
ぎおんふじとら（富士虎）

可以品嘗餐點、宇治茶及包子的店。午餐必須事先預約，含蒸飯、8種蔬菜及以迷你蒸籠盛裝的京都豬肉。14時開始的下午茶時段，富士虎冰淇淋最中餅御膳頗受好評。有時也會推出新菜單，值得關注。

☎075-561-3854 🏠京都市東山区宮川筋1-231-1
🕐11:30~17:00（週六、日及假日為11:00~）　🈺週三（逢假日則營業）　🅿無　‼京阪祇園四條站出站即到　MAP附錄12 A-3

品嘗豐富蔬菜的京都家常菜午餐
食と森
しょくともり

活用大正時代興建的町家豆腐店所改建的餐廳。曾在法國餐廳及義式餐廳學藝的店主所做的料理及甜點，每一道都使用新鮮食材且力求精緻。

☎080-4703-4028 🏠京都市下京区蛭子水町605
🕐11:30~15:00（晚餐為預約制）
🈺不定休　🅿無　‼地鐵五條站步行10分
MAP附錄5 C-1

1 含白飯、味噌湯加上7~8種京都家常菜的午餐拼盤套餐 **2** 琥珀色的桌子及梁柱等充滿懷舊氣氛 **3** 用京都丹波產雞蛋製作的布丁

豆腐漢堡排及京都家常菜拼盤
……1350円

丹波雞蛋布丁……550円

※：最中餅是一種日本甜食，烤好的上下餅皮中間夾著各種內餡。

町家特徵獨具的窗戶

町家窗格的粗細及長度會依照家業的不同而異。由於從外面不易看到屋內，從屋內則可清楚看見外面的道路，所以也兼具防犯的功能。

❶穿過陳舊的木門，走石板路進入店內 ❷氣氛舒緩的空間。恕不招待5歲以下兒童 ❸搭配佐料一起品嘗的手織壽司養（蔬菜握壽司）。盤子正中央是蔬菜壽司的主菜，味道醇厚

手織壽司養
……3630円

當令水果果肉醋飲
……880円

以手織壽司博得人氣的AWOMB 2號店
AWOMB西木屋町
アウームにしきやまち

改建自屋齡超過80年町家的手捲菜食壽司專賣店。使用季節水果製成的壽司醋、藜麥做的醋飯以及約50種食材做的配料，可自己動手組合的手捲壽司，相當有趣。另附季節御椀（湯品）。

☎050-3177-5277 🏠京都市下京區西木屋町通松原下ル難波町405 🕐11:30 ～ 14:30、17:30 ～ 18:30（預約優先）休不定休 Ｐ無 🍴京阪清水五條站步行5分 MAP附錄6 E-4

不同世界觀交織而成的懷石套餐
京都 三條 やま平
きょうとさんじょうやまへい

由曾在京都名店「近又」學藝的哥哥與曾在人氣法國餐廳「自然發生」（Restaurant Spontané）學藝的弟弟，各自負責製作一道料理所完成的套餐來款待客人。敬請享受手藝細膩的京都料理及法國料理套餐之絕妙結合。

☎075-253-6667 🏠京都市中京區三条油小路西入ル橋東詰町27 🕐12:00～13:00、17:30～19:30 休週三、其他有不定休 Ｐ無 🍴地鐵二條城前站步行7分 MAP附錄7 C-3

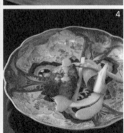

❶❷❹中午的懷石料理7260円～範例之一。牡丹鱧椀物（湯品）、法式料理的扇貝佐薄土耳其麵與南瓜泥，以及近江臀肉牛排
❸除了吧檯座外，也有桌位座及預約制包廂

中午…7260円～
晚上…10890円～

京都的美食／町家料理

AWOMB西木屋町的高麗人蔘天婦羅附飛龍頭（碎豆腐與海鮮、蔬菜等混合成糰油炸）、特級手織壽司養，均限定網上預約。

被高湯的味道吸引
排隊也想吃名店的麵&蓋飯

不用事先預約就能輕鬆嘗到麵與蓋飯。
在觀光旺季，人氣名店都一定會大排長龍，
若要前往建議避開剛開店及中午時段。

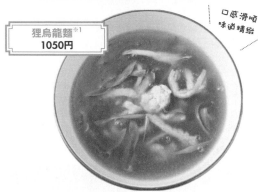

狸烏龍麵※1
1050円

口感滑順 味道精緻

精緻的高湯加上切細的油炸豆皮增添亮點
岡北 おかきた

自1940年創業時起代代傳承的高湯，堅持使用天然利尻昆布及4種柴魚片，因應季節改變調配比例。可以享用現燙自家製麵加上切細的油炸豆皮及九條蔥花的京都風豆皮（狐狸）烏龍麵※2。

☎075-771-4831
⏝京都市左京区岡崎南御所町34
🕐11:00〜17:00
🈺週二、三 Ⓟ無
🍴岡崎公園動物園前巴士站下車即到
ＭＡＰ附錄13 A-3

※2：據說油炸豆皮是狐狸最喜歡的食物。

鯡魚蕎麥麵發祥的老店
総本家にしんそば 松葉
そうほんけにしんそばまつば

1861年創業，以鯡魚蕎麥麵（にしんそば）發祥店聞名的祇園老店。由第2代店主開發，代代相傳的鯡魚蕎麥麵，煮得又鹹又甜的鯡魚鮮味與溫和高湯形成絕妙的平衡。

☎075-561-1451
⏝京都市東山区四条大橋東入ル川端町192
🕐10:30〜20:30(有變動)
🈺週三(逢假日則營業)
Ⓟ無 🍴京阪祇園四條站出站即到 ＭＡＰ附錄12 A-2

鯡魚蕎麥麵
1650円

作為除夕蕎麥麵※3也是京都所熱愛的傳統滋味

濃稠的半熟蛋讓人無法抗拒

半熟蛋入口即化的黃金蓋飯
ひさご

招牌親子蓋飯是用京都風高湯煮雞腿肉及九條蔥，最後淋上半熟度絕妙的滑蛋。有許多饕客為了追求這道長年不變的美味，不遠千里而來。麵類菜單也相當豐富，以費時一天一夜去除澀味的鯡魚蕎麥麵為首選。

☎075-561-2109
⏝京都市東山区下河原通八坂鳥居前下ル下河原町484 🕐11:30〜16:00
🈺週一(逢假日則翌日休)、週五(逢假日則前天休) Ⓟ無 🍴東山安井巴士站步行3分
ＭＡＰ附錄12 B-3

親子蓋飯
1060円

※1：炸天婦羅時以濾網撈出殘留的麵衣渣「天かす」也被稱為「狸」，因為若將麵衣渣連同炸蝦一起裝盤誇大份量，就像是愛騙人的狸。
※3：由於蕎麥麵比其他麵條更容易切斷，所以在除夕夜吃蕎麥麵，寓意「斬斷這一年的不幸」。

烏龍麵的配料也有京都特色

京都的豆皮（狐狸）烏龍麵的固定配料是擺上切細的油炸甜豆皮與九條蔥花。若再淋上配料勾芡煮成的滷汁加薑泥，就是狸烏龍麵。

彷彿鰻魚的棉被一樣

鰻魚玉子燒蓋飯（中）
2800円

令人讚嘆的特大蛋捲
京極かねよ きょうごくかねよ

自大正時代延續至今的鰻魚料理專賣店。秘傳的「醬汁壺」是從創業當時就一直不斷添補醬汁，守護至今。用備長炭細心炙烤的上等鰻魚，不僅香味四溢，肉質鬆軟，而且餘味無窮。

☎075-221-0669
命 京都市中京區六角通新京極東入松ヶ枝町456
🕐 11:30～15:30、17:00～20:00 ㊡週三
🅿無 🚉阪急京都河原町站步行7分
MAP 附錄10 D-2

白醬油高湯蕎麥麵
京都餅豚叉燒肉
（附調味蛋）
1300円

味道隨佐料而改變也令人期待

海鮮的鮮味滲入清澈的高湯中
麵屋 猪一 めんやいのいち

混合數種最高級柴魚片熬煮的海鮮高湯，以清爽的味道受到好評。亦可加入餐桌上另附的柚子及細絲昆布，享受味道的變化。為追求與湯頭契合，不斷改良的自家製麵也值得注目。

☎無 命京都市下京區寺町通仏光寺下ル惠美須之町542
🕐11:00～14:30、17:30～21:00（售完打烊）
㊡無休 🅿無
🚉阪急京都河原町站步行3分
MAP 附錄6 D-4

咖哩油炸豆皮烏龍麵
830円

加上油炸豆皮及青蔥，配料簡單

以高湯香濃夠味的人氣菜單自豪
めん房 やまもと めんぼうやまもと（山本拌麵）

創業40年來，一直深受在地喜愛的麵店。大量使用自製的沙丁脂眼鯡、鯖魚和鮭魚柴魚片以及利尻昆布所熬煮的高湯，不僅香味濃郁，與柔軟的烏龍麵也充分融合。另有京都特有的衣笠烏龍麵及澆汁（配料勾芡煮成的滷汁）烏龍麵。

☎075-255-0856
命京都市中京區新町通四条上ル東入ル観音堂町473
🕐11:00～19:30(週六～14:00)
㊡週日、假日、第3個週六
🅿無 🚉地鐵四條站步行3分
MAP 附錄7 C-3

祇園的店都裝飾有許多來店光顧的舞妓的扇子，是深受少女喜愛的證明。

在「麵包愛好者天堂」的京都
享用著名的三明治

給人和食印象較深的京都，其實也是麵包消費量大的城市。
麵包店的數量自不用說，咖啡廳及餐廳也有許多麵包的品項，
包括各式各樣可輕鬆食用的三明治。

名店的味道至今仍持續進化中

「コロナ」煎蛋三明治

990円。這道三明治是店主山崎將當年迷戀「コロナ」煎蛋三明治的回憶與理想的融合，至今仍不斷精益求精

喫茶マドラグ
きっさマドラグ (La Madrague)

洋食店「コロナ」的煎蛋三明治備受喜愛，可惜2012年結束營業。經La Madrague店主山崎三四郎裕崇之手得以復活。煎得方方正正的雞蛋卻柔軟得入口即化，令人不可思議。

☎075-744-0067
🏠京都市中京区上松屋町706-5 ⏰11:30～，售完打烊
㊡週日 🅿無
🍴地鐵烏丸御池站步行5分
MAP附錄7 C-2

簡單卻令人懷念的滋味

上等香腸吐司三明治

380円。酥脆的吐司內夾紅香腸及口感清脆的小黃瓜，通稱為香腸小黃瓜三明治

切通進進堂
きりとおししんしんどう

在祇園花街備受喜愛的咖啡廳老店。與內夾水果凍及鬆軟煎蛋的「上等煎蛋吐司三明治」齊名的香腸小黃瓜三明治，是香腸與小黃瓜的簡單組合加上奶油味濃的吐司所組成。

☎075-561-3029
🏠京都市東山区祇園町北側254
⏰10:00～15:30
㊡週一、不定休
🅿無 🚃京阪祇園四條站步行4分
MAP附錄12 A-2

鬆軟的煎蛋令人開心

鬆軟煎蛋三明治

1210円。可搭配沙拉一起享用。以前曾是小學的建築搖身變成藝術空間

©Hidenori Suzuki

前田珈琲 明倫店
まえだこーひーめいりんてん

由現代美術家金氏徹平先生及建築師家成俊勝先生聯手打造，令人印象深刻的現代藝術風格咖啡廳。由柔軟的吐司與煎蛋組成的簡單三明治，以小黃瓜增添口感。

☎075-221-2224 🏠京都市中京区室町通蛸薬師下ル山伏山町546-2京都芸術センター內1F
⏰10:00～19:30 ㊡比照京都藝術中心休館日
🅿無 🍴阪急烏丸站・地鐵四條站步行5分 MAP附錄6 D-3

©Hidenori Suzuki

京都的美食／著名的三明治

圓圓的造型讓人心動

高湯煎蛋捲三明治及
紅豆奶油三明治

各363円。麵包也很鬆軟。由於相當小巧，有不少顧客一次點2份

knot café
ノットカフェ

以「連結紐約與京都」為概念所構思的品項。煎蛋捲的厚度與高湯克制的甜度，完全就是京都風高湯煎蛋捲。考慮到與麵包的契合度而使用偏濃的高湯，香氣豐富。

☎075-496-5123 ⓘ京都市上京区今小路通七本松西入ル東今小路町758-1
🕐10:00～18:00 困週二（25日為週二則營業）Ⓟ無 🚏上七軒巴士站下車即到 ⓂAP附錄9 A-4

草莓綻放香氣

草莓三明治
（季節限定）

1980円。麵包的微鹹增添了口感亮點。咖啡廳區瀰漫水果的新鮮香氣

Fruit & Cafe HOSOKAWA
フルーツアンドカフェホソカワ（細川水果咖啡廳）

佇立在下鴨的住宅區，75年來一直備受喜愛的水果咖啡廳。內夾引出水果原有甘甜的綿滑奶霜，以及12顆當天最好吃的日本草莓。

☎075-781-1733
ⓘ京都市左京区下鴨東本町8
🕐10:00～17:00
困週三、週二不定休
Ⓟ有 🚏洛北高校前巴士站步行3分 ⓂAP附錄8 E-2

充滿水果的新鮮滋味

特製水果三明治

在相隔幾間店的本店也可外帶。綜合果汁只使用水果原汁，味道清爽。套餐為1265円

Yaoiso（ヤオイソ）果物店
フルーツパーラーヤオイソ

老字號果物店所經營的水果咖啡廳。草莓、奇異果等5種水果，每種都切成大塊，口感十足。鮮奶油的甜度調整得恰到好處，以突顯食材的原味。

☎075-841-0353
（Yaoiso本店）
ⓘ京都市下京区四条大宮東入立中町496
🕐9:30～16:45 困過年期間 Ⓟ無 🚏阪急大宮站出站即到 ⓂAP附錄7 C-3

Yaoiso（ヤオイソ）果物店的水果三明治還有季節限定的桃子、無花果及柿子等水果。

擁有 400 年歷史的「京都的廚房」
在錦市場品嘗京都美食

錦市場以食材專賣店為主，超過120間店林立於此。
也有許多可輕鬆品嘗的食物，
不妨邊逛市場，邊到有趣的店裡瞧瞧吧。

色彩鮮艷的彩繪玻璃令人印象深刻。還有描繪京都飲食文化與四季的拱廊垂幔畫

邂逅京都當令美味
錦市場 にしきいちば

起源於江戶時代的魚市場，一直以來作為京都的廚房供應市民及廚師。在長約390公尺的拱廊中，各式各樣的飲食專賣店櫛比鱗次。

🍴阪急京都河原町站步行3分
MAP 附錄11 B·C-3

京都豆腐店的健康甜點
\SHOP/
2
こんなもんじゃ錦店
こんなもんじゃにしきみせ

☎075-255-3231
⌂京都市中京区錦小路通堺町通角中魚屋町494 ⏰10:00～18:00 ㊡不定休

豆乳甜甜圈8個300円
使用大量豆乳做的甜甜圈。口感酥軟輕盈且味道溫和，吃多也不會膩，頗受好評

高倉通

堺町通

柳馬場通

2

← 至 四條烏丸

錦 小 路 通

1

古早的京都烏龍麵
\SHOP/
1
冨美家 錦店
ふみやにしきてん

☎075-221-0354 ⌂京都市中京区錦小路通堺町西入ル中魚屋町493 ⏰11:00～17:00 ㊡週二、三（逢假日則翌日休）

冨美家鍋792円
使用微甜的高湯及自家製麵，加上麻糬、天婦羅、香菇等豐富配料的鍋燒烏龍麵，是在地著名的京都烏龍麵

啤酒機供應使用丹後越光米製的Meister等7種個性豐富的精釀啤酒。附小菜

京丹後精釀啤酒（杯裝）800円

可帶又（或點）其他店的外食內用，但每位入店客人都須點餐

京丹後的名產及老店的京都壽司
\SHOP/
4
丹後TABLE
たんごテーブル

☎075-354-5090 ⌂京都市中京区錦小路通富小路東入ル東魚屋町197 ⏰11:00～17:30 ㊡週三（伊豫又為週一～四）

伊豫又的鯖魚壽司2貫800円
丹後TABLE也提供400年歷史的京都壽司老店「伊豫又」的壽司。最著名的是鯖魚壽司，可品嘗到溫和酸味與鹹度絕妙搭配的千鳥醋

大師級繪師伊藤若冲的出身地

活躍於江戶時代中期，以前衛作風博得人氣的伊藤若冲出身於錦市場的蔬菜批發商，因此也留下眾多描繪蔬果的作品。

以串燒或蓋飯品嘗京都名產海鰻

`SHOP`
3 **魚力**
うおりき

☎075-221-4003 🏠京都市中京区錦小路通富小路西入ル北側 🕐10:00～18:00（售完打烊）🈑不定休

將海鰻天婦羅及炸海鰻切成一口大小串成串燒，以銅板供應。肥美的海鰻，肉質鬆軟鮮甜

炸海鰻串（左）
海鰻天婦羅串（右）
各600円

以「史上最強的全牛購買®」※自豪的老店

`SHOP`
5 **京のお肉処 弘 錦**
きょうのおにくどころひろにしき

☎075-222-1129 🏠京都市中京区錦小路通麩屋町東入ル鍛冶屋町217 🕐11:00～17:30（週六、日及假日為10:00～18:30）🈑無休

炙烤生牛肉壽司
1盤800円（未稅）
大口享用人氣鮮肉壽司，多汁的脂肪鮮味隨即在口中擴散。生牛肉使用特製醬汁醃漬後再迅速炙烤，敬請享用這入口即化的滋味

在漬物桶桌上喝一杯

`SHOP`
7 **立ちのみ 賀花**
たちのみがばな（賀花立飲）

☎075-256-3123 🏠京都市中京区錦小路通寺町東大文字町289-2 🕐11:00～20:00 🈑無休

米糠醃菜拼盤400円
京都漬物店「錦・高倉屋」所經營的立飲店，以醃菜當作下酒菜喝一杯

松本純米酒
1杯600円
備有以伏見生產為主的京都品牌日本清酒

京都的美食／在錦市場品嘗京都美食

富小路通

麩屋町通

御幸町通

寺町通

3

5

至 四條河原町→

4

6

7

享用豐富多樣的日本茶甜點小歇一下

`SHOP`
6 **錦一葉**
にしきいちは

☎075-253-1118 🏠京都市中京区錦小路通御幸町西入ル鍛冶屋町210 🕐10:00～19:00 🈑不定休

一葉起司鍋糯子
2支500円
可輕鬆享受人氣最旺的起司鍋糯子。除了抹茶口味外，還有焙茶口味

繁華鬧區中唯一的鎮守寺社

錦天滿宮 にしきてんまんぐう

坐鎮在正面面對錦市場的位置，以「錦之天神」廣為人知。本宮祭祀菅原道真，以保佑智慧、學問、商才及驅厄聞名。

☎075-231-5732 🏠京都市中京区新京極通四条上ル中之町537 🕐8:00～20:00 🈑無休 🈺免費 🅿無

錦市場有許多店家打烊時間早、固定週三公休，因此最好事先確認目標店家的營業時間。

※：在京都肉類批發市場上購買整頭牛來確保牛肉新鮮度。

認識京都家庭味
在地也備受好評的京都家常菜店

京都傳統的家庭料理被稱作「京都家常菜」（おばんざい obanzai）。
在吧檯一邊品嘗溫暖身心的家庭料理
一邊和店主閒話家常。

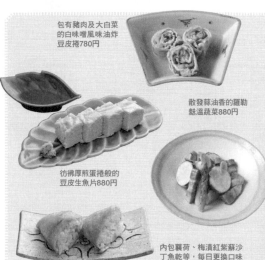

包有豬肉及大白菜
的白味噌風味油炸
豆皮捲780円

散發蒜油香的羅勒
麩溫蔬菜880円

彷彿厚煎蛋捲般的
豆皮生魚片880円

內包蘘荷、梅漬紅紫蘇沙
丁魚乾等，每日更換口味
的豆皮壽司250円

每天都想光顧令人放鬆的店
あおい

由老闆娘中村季以女士所經營的居家小店。在座位
數約6席的吧檯上，陳列著使用京都蔬菜、油炸豆皮
及生麩等做的京都家常菜，還有以大盤盛裝的下酒
菜，味道樸實卻豐富多樣。與開朗的老闆娘閒聊，
料理吃起來更加美味。

☎075-252-5649
🏠京都市中京区材木町
181-2 ニュー京都ビル1F
奥 ⏰17:00～22:00
🈁週一、日及假日不定休
🅿無 🚉京阪三條站步行
5分
MAP附錄10 E-2

老闆娘總是笑臉迎人，讓
人獲得鼓舞的店

燉小松菜
油炸豆皮440円

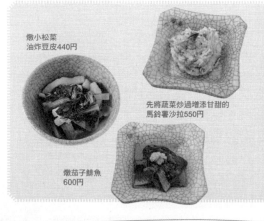

先將蔬菜炒過增添甘甜的
馬鈴薯沙拉550円

燉茄子鯡魚
600円

在地長年受到喜愛的人氣店
太郎屋 たろうや

由老闆娘母女掌廚，總是有許多常客光顧，相當熱鬧。
每一道京都家常菜看似簡單卻能引出食材美味而受到肯
定。推薦以味道清爽的和風炒烏龍麵當作收尾。

☎075-213-3987
🏠京都市中京区新町通
四条上ル一筋目東入ル
観音堂町473 ⏰17:00～
22:00 🈁週日、假日（逢
連休則週日營業）
🅿無 🚉地鐵四條站步行
3分
MAP附錄7 C-3

在一條T字形的無尾小巷裡，餐飲
店林立，太郎屋也在這條小巷中

京都家常菜注重慢食

料理京都家常菜時會將身邊的當令食材全部使用完畢，屬於不需費工、費時、費錢，盡可能不製造廚餘的慢食。

8道京都家常菜，附小盤生魚片、白飯、味噌湯及漬物的京都家常菜定食980円。京都家常菜也可以單點

擺滿京都家常菜小盤的定食
エソラ

每天都供應由店主與母親親手細心烹調，約30種京都家常菜的菜單。全天都可點餐的定食種類也很豐富，可嘗到炸雞和鹽漬鯖魚等主菜及今日京都家常菜等。亦有豐富多樣的單品料理，從生魚片到下酒菜，作為一早就能小酌的居酒屋也相當受歡迎。

☎075-746-4810
🏠京都市中京区麩屋町通二条下ル尾張町231
🕐12:00〜22:00
休週日 🅿無
🚇地鐵京都市役所前站步行3分
MAP附錄6 D-2

無中間休息，可在喜歡的時間來店

辣炒獅子唐青椒仔蒟蒻絲630円

使用日本叉牙魚等每日更換的鮮魚做的本日南蠻漬630円

味噌美乃滋涼拌南瓜生麩650円

在小巷內的町家品嘗老闆娘做的料理
お数家いしかわ おかずやいしかわ

在改建自舊町家的空間裡品嘗老闆娘的講究料理。吧檯上擺滿使用當令蔬菜及鮮魚，讓人憶起「媽媽的味道」的京都家常菜。

大型吧檯令人印象深刻。身穿割烹服的老闆娘也相當優雅

☎075-344-3440
🏠京都市下京区高倉通四条下ル高林木町221-2
🕐17:00〜21:00
休週三 🅿無
🚇地鐵四條站步行5分
MAP附錄11 B-4

在午餐吃很飽的當天夜晚，很推薦吃健康且營養豐富的京都家常菜。

備受在地喜愛的溫和滋味
前往京都中華料理人氣店

減少使用香辛料及大蒜等味道強烈的食材，
以清爽溫和的味道為特徵的京都中華料理。
一同來享用備受在地喜愛的名店招牌菜吧。

1 添加火腿末及切丁豬肉的魚翅湯1100円，有著京都特有的優雅滋味
2 使用自製潤餅皮包滿口感清脆內餡的春捲990円 **3** 本店興建於白川
辰巳大明神社旁

1 蛋白的絕妙口感讓人無法抗拒，自開店以來的招牌菜蟹肉蛋白淡雪
煮1540円 **2** 味道醇厚的辣醬炒雞肉與雞蛋的親子蓋飯1100円
3 活用別具風情的町家原有優點，營造出和風摩登氣氛

藝妓舞妓也常光顧，味道溫和的中華料理店
竹香 たけか

為了讓出席宴會前的舞妓也能食用，不使用大蒜、韭菜
及薑等香味強烈的食材，有著京都特有的清爽滋味。春
捲及簡單糖醋肉是常客每次必點的招牌菜。

☎075-561-1209 ♠京都市東山区新橋通花見小路西入ル橋本
町390 ⏰17:00～20:20 休週二 ℗無 🚇京阪祇園四條站歩行8
分 MAP附錄12 A-2

在京町家享用味道精緻的北京料理
中華ひさご ちゅうかひさご

改建自別具韻味京町家的中華料理店。在廚房大顯身手
的店主，曾在神戶中華街及東京知名飯店學藝。以據說
源自宮廷料理的北京料理為基底，其精緻的滋味吸引不
少粉絲支持。

☎075-361-0135 ♠京都市下京区堺町仏光寺東前町402
⏰17:30～22:00 休週日(逢3連休則營業) ℗無 🚇地鐵四條站
歩行5分 MAP附錄6 D-4

京都中華料理的歷史

據說大正時代在祇園開業的「濱村」（ハマムラ）是京都中華料理的先驅。配合喜好和食的京都人口味，以減少香辛料與活用食材原味的調味為主流。

■1匯集人氣招牌菜的森幸特製便當1200円
■2店內的牆上為木村英輝先生所畫的孔雀開屏圖
■3位於一本橋附近的白川岸邊

佇立在白川旁風味豐富的町中華
ぎをん森幸 ぎをんもりこう（祇園森幸）

可輕鬆品嚐香辛料減量，運用細心熬製的雞湯及季節食材所做的京都中華料理。清淡卻有深度的味道，吸引不少挑嘴的饕客。

☎075-531-8000 ⚑京都市東山区白川筋知恩院橋上る西側556
🕐11:30～13:30、17:00～20:30 ㊡週三（逢假日則營業）
🅿無 ‼地鐵東山站步行4分 MAP附錄12 B-1

煎餃專賣店也大有人氣

爽口好吃
再多也吃得下的煎餃
夷川餃子 なかじま
えびすがわぎょうざなかじま

使用國產蔬菜及京都豬肉製成內餡，以薄皮包裹，超級均衡的京都煎餃。沾上以醬油1：白醋4：黑醋1的比例調成的醬汁來品嚐，是本店推薦的煎餃吃法。

有添加大蒜的煎餃Deep及不加大蒜的煎餃French兩種口味，均為5個380円

☎075-223-0141 ⚑京都市中京区西洞院通夷川下ル薬師町652-1 🕐11:30～13:30、17:00～21:30 ㊡無休 🅿無
‼地鐵二條城前站步行7分 MAP附錄7 C-2

充滿在地生產食材鮮味的「和風煎餃」
高辻 亮昌餃子店
ぎょうざどころたかつじすけまさ

使用京都特產豬肉、在地農園的高麗菜及九條蔥等上等食材。煎餃以鰹魚高湯及料亭御用味噌來突顯食材的風味，配白飯或配啤酒也相當對味。

煎餃6個390円～、生啤酒一杯500円。定食也很受歡迎

☎075-201-6175 ⚑京都市下京区高辻通新町西入ル堀之內町263 🕐11:30～14:00、17:00～22:00（週六日及假日為11:30～22:00）㊡無休 🅿無 ‼地鐵四條站步行7分
MAP附錄7 C-4

以淋上大量澆汁的天津飯聞名的マルシン飯店等，平民派的町中華料理也很受歡迎。

涼爽的河風吹拂
在河畔悠閒享用美食

鴨川及高瀨川沿岸餐廳及咖啡廳林立。
不妨側耳傾聽河川的潺潺流水聲，欣賞翠綠的樹林，
度過奢侈時光吧。

從鴨川上的松原橋眺望被
列為文化財的和風建築，
輝煌的造型美令人屏息

夏季的露臺座（川床／納涼床）
是欣賞鴨川景色最頂級的位置

在眺望鴨川的美食露臺上享用華麗的京都法式料理

FUNATSURU KYOTO
KAMOGAWA RESORT

フナツルキョウトカモガワ リゾート（鉟鶴京都鴨川度假村）

前身是1870年創業的料理旅館，5層樓高的
和風建築為國家登錄有形文化財。在這充滿
歷史的空間，可一邊眺望東山及鴨川景色，
一邊享用早晨現採京都蔬菜及近江牛肉等在
地食材做的經典法式料理。

☎075-351-8541（Restaurant LE UN）京都市下京
区木屋町通松原上ル美濃屋町180 11:30～15:30
（LO14:00），17:30～22:00（LO21:00，週五～日、假
日及假日前天～23:00）週二（川床期間照常營業）
無 河原町松原巴士站下車即到 附錄6 E-4

大量使用當令蔬菜的午餐全餐共3種，3850円～

能欣賞鴨川&高瀨川的雙重景色為魅力所在

Kacto

カクト

改建自京都町家的摩登美式咖啡廳
＋餐廳，東有鴨川，西有高瀨川流
過。從早午餐、咖啡時段到晚餐均
可輕鬆利用，可品嘗活用京都蔬菜
及焙茶等京都產食材做的餐點。

☎075-341-8787 京都市下京区斎藤町
133 早午餐8:00～15:00LO，咖啡時段
15:00～16:30LO，晚餐17:00～23:00
（LO22:00）無休 無 阪急京都河原
町站步行2分 附錄6 E-3

奶油牛奶鬆餅
拼盤2200円，
最適合當早餐

每一口都充滿焙茶
香氣。湊製茶焙茶
義式布丁800円

1樓的桌位座。在納涼床的季
節，會從窗外吹入舒服的風

什麼是鴨川納涼床？
5月到9月期間，搭建在鴨川河畔的餐飲店的露臺座。其魅力在於雖身在市區，卻能欣賞河水流動及季節樹木等自然景觀。

搭配山清水秀的美景一起品嚐芳醇的巧克力
Salon de Royal京都店
サロンドロワイヤルきょうとてん（皇室沙龍）

由昭和初期創業的巧克力製造商所經營的巧克力專賣店。在充滿高級感的店內，宛如寶石般耀眼的手工夾心巧克力及蛋糕正等著你。也有許多使用日本清酒、柚子、山葵及豆腐等和風食材的產品，種類相當豐富。

☎075-211-4121
🏠京都市中京區木屋町通御池上ル上槌木町502 ⏰11:00～19:00(LO18:00)
㊡過年期間(1月1日～3日)
Ⓟ無
🚇地鐵京都市役所前站出站即到
MAP附錄10 E-1

馬卡龍共12種。還有柚子、椰子及玉露等和風口味

陳列在展示櫃的巧克力，光看就覺得很幸福

蛋糕套餐1600円。以光澤美麗的香草巧克力蛋糕為首，可任選喜歡的蛋糕

鴨川觀景咖啡廳為整面玻璃窗，充滿開放感。當然夏季也有納涼床

五樣京都家常菜拼盤1380円。請務必品嚐堆得高高的京都風豆渣（前排右側）

焗烤白味噌蟹肉菇1280円。以白味噌增添些許甜味

到了賞櫻季節點燈後，高瀨川就會充滿夢幻氣氛

春天的夜晚是賞櫻的特等席
高瀨川的京都家常菜晚餐
おばんざいと純洋食アイサニ
おばんざいとじゅんようしょくアイサニ
（Aisani家常菜與純西餐）

相對於廣大寬闊的鴨川，高瀨川顯得閑靜且充滿京都情趣。從店內的桌位座便可就近感受河水的流動。高湯入味的「京都風豆渣」是廣受稱讚「至今吃過最好吃的豆渣」的逸品。

☎075-744-1610
🏠京都市下京區西木屋町通綾小路上ル
⏰17:00～23:00(LO22:00) ㊡週二
Ⓟ無 🚃阪急京都河原町步行3分
MAP附錄6 E-3

窗外就是高瀨川。有時還能看到水鳥休息的模樣

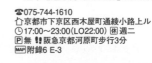

夏季時在二條通到五條通為止的鴨川西岸，可看到露臺座或納涼床亮相。從京都料理、民族料理到咖啡廳，種類相當豐富多樣。

在歷史悠久的茶葉老店
享用茶香濃郁的抹茶甜點

京都也是千利休*將茶湯集大成的舞臺。
在代代專營宇治茶為首的上等茶葉老字號茶鋪，
享用茶葉專家製作的奢華抹茶甜點。

散發抹茶香的海綿蛋糕
與爆漿的濃郁抹茶奶霜

吃到最後一口
豐富多樣的口感及
風味令人陶醉

抹茶蛋糕捲套餐1300円。飲料有抹茶、煎茶及奶油抹茶等可任選。還能欣賞抹茶茶碗及咖啡歐蕾碗等餐具

宇治榮譽濃茶百匯1760円。內含濃茶霜淇淋、甜茶凍等，可享受茶的豐富滋味

在可觀賞坪庭的茶房度過閒靜的飲茶時光
丸久小山園 西洞院店 茶房「元庵」
まるきゅうこやまえんにしのとういんてんさぼうもとあん

自江戶時代延續至今的宇治茶老店。在改建自町家的店內附設的茶房，可以嘗到使用從販售的豐富種類茶葉中精選的抹茶做的甜點及上等抹茶。

窗外可看到充滿情趣的坪庭

☎075-223-0909 🏠京都市中京区西洞院通御池下ル西側
🕘9:30～18:00（喝茶為10:30～17:00）休週三（逢假日則營業）
Ｐ無 ‼地鐵烏丸御池站步行6分 MAP附錄7 C-2

在充滿風格的空間奢侈品嘗宇治茶
辻利兵衛本店 宇治本店茶寮
つじりへえほんてんうじほんてんさりょう

江戶後期創業、歷史悠久的茶葉批發商，將前茶葉工廠及茶葉倉庫改建成摩登的茶寮。敬請品嘗純粹原味的濃茶與冰萃茶，以及活用宇治茶濃郁的鮮味與茶香所做的奢華甜點。

隨處都能感受到歷史的空間

☎0774-29-9021 🏠宇治市宇治若森41
🕘10:00～17:00 休週二（逢假日則營業）Ｐ有
‼JR宇治站步行5分 MAP附錄18 A-4

※：千利休（1522～1591）是著名的茶道宗師，被日本人稱為茶聖。

宇治茶簡史

1191年，榮西禪師從中國將茶種連同飲茶風習帶回了日本。他將茶種贈送給高山寺的明惠上人，後來茶苗傳到宇治，不久便開設茶園。

煩惱該從哪一道開始吃才好

有巧克力蛋糕及起司蛋糕等4道抹茶甜點及迷你百匯，可盡情享用的宇治抹茶拼盤1790円

濃郁抹茶蜜口感鬆軟輕盈

大量使用色、香、味俱全極致講究的上等抹茶做的抹茶ESPUMA泡沫慕斯雪冰1280円。可視個人喜好添加紅豆及白玉（糯米糰子）

盡情享用滋味濃淳的抹茶甜點
伊藤久右衛門 祇園四條店
いとうきゅうえもんぎおんしじょうてん

由宇治總店所開設的茶房。備有該店限定甜點及輕食等使用石磨抹茶粉做的菜單，其中抹茶甜點拼盤更是抹茶愛好者無法抗拒的一道甜點。

2、3樓為茶房。1樓有商店

☎075-741-8096 🏠京都市東山区四条通大和大路東南角祇園町南側586 🕙10:30～18:30（茶房～18:00）🈺無休 🅿無
‼京阪祇園四條站出站即到 MAP附錄12 A-2

使用精選食材的和風甜點
清水一芳園カフェ京都本店
しみずいっぽうえんかふぇきょうとほんてん（ippoen cafe）

備有使用大納言紅豆及和三盆糖※等上等食材做的茶甜點，由茶葉批發商直營的咖啡廳。鬆軟綿密的剉冰淋上大量茶臼磨製宇治抹茶粉及和三盆糖混合製成的ESPUMA泡沫慕斯，大受歡迎。

充滿和風情調的店內空間

☎075-202-7964 🏠京都市東山区本瓦町665
🕙11:00～16:30 🈺週一（逢假日則翌日休）
🅿無 🚌東山七条巴士站步行3分 MAP附錄4 E-2

上面介紹的4家店鋪都能在店頭購買茶葉。不妨買來當作伴手禮。

※：「和三盆糖」是經三次手工精製的細砂糖，用於製作日式甜點。

在跨時代受喜愛的復古咖啡廳
度過無比幸福的時光

京都的街上有好幾家稱得上「老店」的咖啡廳。
置身在長年受到富商名流及學生們喜愛的咖啡香及空間，
度過緬懷歲月流逝的時光也不錯。

據說藍色的光能讓女性看起來更漂亮

1 宛如寶石般璀璨的果凍氣泡水750円 2 彷彿穿越時光回到昭和時代的空間

閃耀藍光的夢幻世界

喫茶ソワレ

きっさソワレ（喫茶Soyez晚會）

在天花板挑高的洋樓裡，以藍色燈光照耀室內的夢幻咖啡廳。西洋畫家東鄉青兒的美人畫及古董家具營造出夢幻氣氛。

☎075-221-0351
⌂京都市下京区西木屋町通四条
上ル真町95
🕐13:00～18:00（週六、日及假
日～18:30）休週一
P無 🚃阪急京都河原町站出站
即到 MAP附錄10 E-4

1948年創業。興建於高瀨川沿岸

3 4 繪有東鄉青兒插圖的可愛咖啡杯盤組、華麗的浮雕及家具，勾動了少女心

京都的美食／復古咖啡廳

↑鬆餅套餐1300
円。原創咖啡杯也
相當可愛
←位於寺町的商店
街，深受在地人喜
愛的店

也有令人懷念的洋食菜單
スマート珈琲店
スマートこーひーてん（Smart coffee）

1932年創業之初，以洋食店開業。
以自家烘焙咖啡為首，還有鬆餅及
煎蛋三明治等自創業以來始終受到
顧客喜愛的菜單。

☎075-231-6547
⌂京都市中京区寺町
通三条上ル天性寺前
町537 ⏰8:00～19:00
（午餐11:00～14:30）
✖無休（僅午餐週二
休）Ｐ無 !!地鐵京都
市役所前站出站即到
MAP附錄10 D-1

↑牆上掛有名畫，
播放古典樂的優雅
空間
←自製起司蛋糕700
円，咖啡700円，蛋
糕套餐1350円

巴洛克式建築的沙龍風咖啡廳
フランソア喫茶室
フランソアきっさしつ（SALON DE THÉ FRANÇOIS）

鑲有彩繪玻璃的窗戶、白色天花板及
紅色天鵝絨椅等，以英國豪華客輪為
形象的巴洛克式建築。至今仍保留備
受昭和初期藝術家們喜愛的風貌。

☎075-351-4042
⌂京都市下京区西
木屋町通四条下ル
船頭町184 ⏰10:00
～22:00 ✖無休 Ｐ
無 !!阪急京都河原
町站出站即到
MAP附錄10 E-4

↑水果三明治900
円。原味及草莓2種
奶油霜能襯托出水
果的酸味。搭配飲
料套餐省150円
←紅色桌子也帶有
懷舊感

享受復古甜美的幸福時光
喫茶 靜香
きっさしずか

保留濃厚昭和氣氛的復古咖啡廳。
可享用丹麥麵包內夾當令水果、2
種鮮奶油及卡士達奶油相當美味的
水果三明治，度過優美時光。

☎075-461-5323
⌂京都市上京区今
出川通千本西入ル
南上善寺町164
⏰10:00～17:00
✖週三、不定休
Ｐ無 !!千本今出
川巴士站下車即到
MAP附錄9 B-4

喫茶ソワレ（Soyez）的集點卡上繪有西洋畫家東鄉青兒的美人畫，也值得注目。

京都獨有的特別場所
在世界遺產區內品嚐餐點&點心

京都有17座寺社及古城被登錄為世界文化遺產。
在歷史悠久的場所享用根據口耳相傳的食譜做的和菓子、
僧侶吃的精進料理以及療癒參拜香客心靈的茶屋美味。

1充滿滋味的一湯五菜「雪」3800円（含天龍寺的參觀費）2佇立在綠蔭當中 3坐在寬廣房間內的膳桌前用餐 4本店位於天龍寺境內，因此餐後可散步到借景嵐山的曹源池庭園等

 讓身體重新開機
一湯五菜的精進料理

天龍寺 篩月 てんりゅうじしげつ

只使用京都在地蔬菜、海藻、豆腐等植物性食材做的精進料理，以一湯五菜為基本。可品嚐黏糊口感及溫和風味令人印象深刻的芝麻豆腐等，擺放在美麗朱色膳盤上的菜餚。

☎075-882-9725 ⼊京都市右京区嵯峨天龍寺芒ノ馬場町68
⏰11:00～14:00 困無休 ℗有 ‼嵐電嵐山站步行5分
MAP 附錄17 C-4

除了飯菜外，還附上一道隨季節更換的料理與水果

黎明的朱華（淡紅）色

下鴨神社的申餅外觀呈現旭日東昇時的「朱華色」，被視為孕育新生命瞬間的象徵，在葵祭（5月15日）時被供奉在神前。

下鴨神社 下鴨神社自古相傳的茶及點心

清水寺 長年不變古早懷念的滋味

元離宮二條城 觀賞優雅的庭園享用抹茶及和菓子度過頂級時光

1黑豆焙茶及申餅套餐800円 **2 3**位於下鴨神社鳥居前面的茶屋。通過鳥居後，前方建有一座被列為重要文化財的樓門

1質地柔軟入口即化的蕨餅500円 **2 3**巡遊景點豐富的清水寺境內，在別具風情的茶屋小歇一會

1抹茶及煎茶可任選的和菓子套餐1500円。和菓子會隨季節更換 **2 3**坐在長凳上喝茶觀賞庭園，格外愜意

さるや 猿屋

名產是平安時代以來能在葵祭上吃到的申餅。依照宮司（神社負責人）的口耳相傳及江戶時代的文獻，睽違約140年之久重新復刻的申餅，包裏甜味高雅的丹波產紅豆餡的茜色外皮相當美。被視為不老長壽良藥的香醇黑豆焙茶也歷經約50年歷史，流傳至今。

☎090-6914-4300 🏠京都市左京区下鴨泉川町59 下鴨神社境内 🕙10:00～16:30頃 🈺無休 🅿有(下鴨神社) ‼下鴨神社前巴士站步行5分 🗺附錄8 E-3

忠僕茶屋 ちゅうぼくちゃや

在京都東山的名剎清水寺境內營業超過150年以上的茶屋。位於往正上方抬頭就能眺望朱色三重塔的南苑水池附近，從座位看到的景致相當出色。可在雅致的空間，悠閒享用傳統滋味的甜酒釀、善哉紅豆湯及蕨餅等甜點。

☎075-551-4560 🏠京都市東山区清水1清水寺境内 🕙9:00～16:30 🈺不定休 🅿無 ‼清水道巴士站步行15分 🗺附錄12 C-4

茶房 前田 さぼうまえだ

位於二條城內清流園的茶房。庭園是將京都豪商角倉家宅第的一部分庭石等遷移過來打造的，池泉回遊式和風庭園與鋪有草坪的洋風庭園之折衷風景相當美。除了可點選抹茶及煎茶外，也有咖啡及抹茶戚風蛋糕等洋風品項。

☎075-823-0223 🏠中京区二条通堀川西入ル二条城町541二条城内 清流園和楽庵 🕙9:30～16:00 🈺無休(比照二條城休息) 🅿有(二條城) ‼地鐵二条城前站出站即到 🗺附錄7 B-2

精進料理是完全不用魚、肉的健康菜單。吃再多熱量也不高。

my co-Trip

在充滿京都情懷的吧檯品嘗
令人嚮往的道地和食午餐

既然來到京都，總有一天想嘗嘗道地的會席料理※。
雖然價格昂貴、不懂用餐禮儀……等，讓人有點擔心，
不過在吧檯品嘗的午餐就能輕鬆享用。敬請享受這極致時光。

中午會席料理5500円～（服務費另計）

含先付（前菜）、椀物（湯）、向付（沙西米）、油炸物、白飯、醃菜、止椀（味噌湯）、點心的會席料理。共8道，每月更換內容

滋味豐盈的高湯令人感動

↑牡丹鱧加烤茄子及梅子泥的椀物
←在吧檯座欣賞店主精湛的手藝

先品嘗茶杯裝的高湯

油炸物有著名的「芝麻豆腐天婦羅」等數種

前菜的範例之一。惠比壽南瓜豆乳濃湯

使用西京味噌的鯛魚芝麻味噌飯及紅味噌湯等

曾在名店磨練手藝的年輕店主做的和食

日本料理 藤井 にほんりょうりふじい

由曾任人氣割烹料理店「水圜」料理長的店主所經營的和食店。以利尻昆布及枕崎的本枯節柴魚所萃取之香氣撲鼻和風高湯搭配當令食材的椀物為首，敬請用五感好好享受讓人感受日本料理魅力的每一道佳餚。

☎075-771-2500
⌂京都市左京区浄土寺上南田町91
⏰11:30～13:30、17:00～20:00 困週三 Ｐ無
🍴浄土寺巴士站步行5分 MAP附錄13 C-2

2種當令生魚片拼盤。這天用的是滑頂薄殼鳥蛤及三線磯鱸

甜點以飴餅等為首，還有人氣的布丁

※：會席料理是一種庶民也能享受的宴會料理，主要目的為飲酒作樂，用餐規矩不像懷石料理那樣嚴格。

品嘗懷石料理時一定要知道

基本禮儀

【如何取下筷封?】

不需撕開筷封,只需轉動其中一支筷子就能輕鬆取
出。若是拆免洗筷的話,筷子一定要橫的拿。

【如何打開木碗碗蓋?】

用左手握住碗口的邊緣,稍微使力使碗口與碗蓋間
產生縫隙,就能順利打開碗蓋。

【碗蓋該放哪裡?怎麼放?】

折敷

將碗蓋翻過來,放在折敷(邊緣高起的餐盤)外。
由於漆器容易刮傷,要注意不要疊放。

【如何拿盤子及餐具?】

小碗碟等小於手掌的餐具可用手端起進食。用餐完
畢將木碗的碗蓋蓋回碗上,不需翻過來。

**禮儀之美
的重點**

在鋪有榻榻米的場所
之注意事項

在和室避免打赤腳。此外,建議穿長
度可蓋住膝蓋的裙子或長褲以便跪
坐。走路時注意不要踩到門檻及榻榻
米的邊緣。

攜帶手帕及懷紙
較便利

事先準備懷紙(放在口袋隨身攜帶的
對折和紙),就能悄悄地將吃完的魚
骨頭及皮藏起來或包住。另外也別忘
了攜帶稍大的手帕以鋪在膝蓋上。

日本料理 藤井除了吧檯座以外,亦備有下嵌式座位及包廂。

參拜神社時想順道拜訪的
神社門前著名甜點

去到下鴨神社……

📍P.131

下鴨神社門前

加茂みたらし茶屋

かもみたらしちゃや（加茂御手洗茶屋）

據說是御手洗糰子的發祥店，相傳是仿造下鴨神社御手洗池中湧出的泡泡所做的。將100%米粉製柔軟有彈性的糰子烤得焦香，再沾滿絕配的黑糖蜜汁。（3支450円，外帶5支650円～）

☎075-791-1652 🏠京都市左京區下鴨松ノ木町53 🕐9:30～17:30（週六日及假日～18:00）🈺週三、週二不定休 🅿無 🍴下鴨神社前巴士站下車即到 MAP附錄8 E-2

去到北野
天滿宮……

📍P.141

北野天滿宮門前

去到
今宮神社……

📍P.27

粟餅所・澤屋 あわもちどころさわや

超過340年只賣粟餅的老店。點餐後才製作圓而飽滿的粟餅，有微甜的內餡及香氣撲鼻的黃豆粉2種口味。推薦在店內享用現做粟餅。（紅梅3個600円，外帶5個750円）

☎075-461-4517 🏠京都市上京區今小路通御前西入ル紙屋川町838-7 🕐9:00～17:00左右（售完打烊）🈺週三、四、每月26日 🅿無 🍴嵐電北野白梅町站步行5分 MAP附錄9 A-4

一文字屋和輔

いちもんじやわすけ

名產炙餅是將麻糬撒上黃豆粉後以炭火炙烤，再裹上白味噌醬而成。據說炙餅是源自平安時代中期為平息疫病而供奉神前的供品，擁有超過千年的歷史。（1人份600円）

☎075-492-6852 🏠京都市北區紫野今宮町69 🕐10:00～17:00 🈺週三（逢1、15日及假日則翌日休）🅿無 🍴今宮神社前巴士站下車即到 MAP附錄9 B-2

今宮神社門前

在京都購物

京都物品擁有各種不同的表情。
從感受工匠技巧的傳統工藝品
到受在地民眾喜愛的生活用具等，
備齊了「充滿心意的優質物品」。
將必能豐富每天生活的
京都逸品買回家吧。

華麗流行的設計令人雀躍
時尚的和風摩登雜貨

以代代守護的傳統為基調，不斷誕生新物品的京都街道。
即使雜貨也出現許多貼近現在生活的新品項。
下面匯集了摩登中也能感受和式風格的雜貨。

左：護手霜（LEADEN SKY，
LEAFY RIDGE）各3300円

右：香氛精油
（794、1594）各3080円

香老鋪 薫玉堂 こうろうほくんぎょくどう

創業將近430年的香老鋪。
推出結合京都素材萃取物
及香的原料製成的護手霜
及香氛精油等，融入現代
生活的雜貨。

☎075-371-0162
⌂京都市下京区堀川通西
本願寺前 ⏰9:00～17:30
㊡第1、3週日 🅿有 🚉西
本願寺前巴士站步行3分
分 [MAP]附錄5 C-1

伊勢木棉小巾折
環保袋 各1760円

SOU・SOU 布袋 ソウソウぼてい

以華麗的原創織物博得人
氣的品牌。備有流行的包
袱巾及束口袋等，也能用
作洋裝裝飾的設計商品。

☎075-212-9595
⌂京都市中京区新京極通
四条上ル中之町569-10
⏰11:00～20:00 ㊡無休
🅿無 🚉阪急京都河原町
站步行5分
[MAP]附錄10 D-4

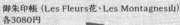

御朱印帳（Les Fleurs花、Les Montagnes山）
各3080円

petit à petit プティタプティ（小鳥築巢）

專售原創織物商品的雜貨
店。以京都風景為主題的
設計，作為伴手禮也相當
推薦。除了御朱印帳外，
還有口金包及手提包等。

☎075-746-5921
⌂京都市中京区寺町通夷
川上ル藤木町32 ⏰10:30
～18:00 ㊡週四 🅿無
🚉地鐵京都市役所前站步
行6分
[MAP]附錄6 E-2

←手提袋H-04中（青鼠色×
紅）13200円、↓手提袋N-13
（生命的贊歌）7700円

一澤信三郎帆布 いちざわしんざぶろうはんぷ

以帆布製品自豪，創業於
1905年的直營店。以托特
包為首，可在此邂逅師傅
手工製作耐用簡約的各式
商品。也受理修補。

☎075-541-0436
⌂京都市東山区東大路通
古門前上ル高畑町602
⏰10:00～18:00 ㊡週二
（視季節而無休）
🚉地鐵東山站步行5分
[MAP]附錄12 B-1

在四條通尋找伴手禮

在四條河原町到八坂神社這段四條通沿路上，開設許多人氣商店。相信你一定可以在此遇到中意的伴手禮。

相生戒各990円

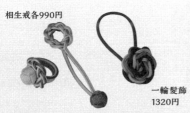

一輪髮飾
1320円

SHOWEN＋てんてん高台寺店
ショウエンプラスてんてんてんこうだいじみせ（昇苑SHOWEN）

可以遇見以傳統工藝編繩製作而成的雜貨。出自師傅之手的細膩設計，不論和服還是洋裝都好看，絲綢特有的光澤與觸感也是一大魅力。亦附設御朱印帳店。

☎075-744-0214 ⌂京都市東山区下河原通八坂鳥居前下る下河原町463-24 ⏰10:00～17:00（視季節而有變動）㊡不定休 Ⓟ無 ‼東山安井巴士站步行5分 MAP 12 B-3

膨織口金包
圓點圖案 2.5寸
零錢包990円

膨織口金包 七寶紋 5.5寸
附拉環化妝包2640円

さんび堂 さんびどう（三美堂）

由和服小物的老店「荒川」所創設的小物品牌。諸如附折疊式拉環，可當作迷你包使用的口金包、LIBERTY PRINT的包袱巾等，也很推薦平時使用。

☎075-341-2121 ⌂京都市下京区室町綾小路下ル白楽天町504 ⏰10:00～18:00 ㊡週二 Ⓟ有 ‼地鐵四條站步行3分 MAP 附錄6 D-3

滿月化妝包
（九條蔥、白帶魚）
各2970円

青衣 京都店 あをごろもきょうとてん

使用棉布及紗布等日本人熟悉的素材。藉由傳統的染色技法，以時尚流行畫風描繪日本風景的原創織物雜貨大受歡迎。

☎075-354-5223 ⌂京都市東山区七軒町19 ⏰11:00～18:00 ㊡週二、三 Ⓟ無 ‼地鐵東山站步行3分 MAP 附錄12 B-1

室內擴香扇
（素色、黑色）
各8910円

大西常商店
おおにしつねしょうてん

以面向松原通的京町家建築令人印象深刻的京都扇子店。由第4代店主所構思的室內擴香扇，是獨家活用扇骨的纖細與美麗的嶄新產品，讓人感受到京都風情。

☎075-351-1156 ⌂京都市下京区松原通高倉西入ル本燈籠町2 ⏰10:00～18:00 ㊡無休（9～3月為週日及假日休）Ⓟ無 ‼地鐵五條站步行7分 MAP 附錄6 D-4

以原創織物的和服及小物受到喜愛的「SOU‧SOU」，除了「布袋店」之外，在裏寺町通周邊還有「足袋店」、「著衣店」等11間店鋪。

想在平時順心隨意地使用
京都誕生的紙品

不論是隨手筆記或是寄包裹時寫的短箋，
只要使用優質文具書寫，立刻就變成烙印心底的書信及禮物。
下面介紹放在手邊心情也會熱鬧起來的紙品。

高雅中透露出玩心

花朵文香各330円。
打開信封就會散發
令人安心的香味。
可愛的造型讓心情
也變柔軟

迷你經摺本各330
円。手掌尺寸的可
愛和紙筆記本，可
像手風琴般折疊

鳩居堂
きゅうきょどう

1663年創業的香、書畫文具及和紙
製品專賣店，擁有老店特有的廣泛齊
全的商品。設計以和風為基調，高雅
的設計居多，用於送禮時會讓人另眼
相看。

☎075-231-0510 🏠京都市中京区寺町姉
小路上ル下本能寺前町520 🕐10:00~
18:00 休無休 P無 ‖地鐵京都市役所前
站步行5分 MAP附錄10 D-1

用和紙傳遞
不經意的心意

含一筆箋、信封及帶有餘香的
桐木盒裝彩紋吉兆箋2970円

圓點鳥及三連櫻
禮金袋，各330
円。禮金袋共有
超過50種圖案

古典紋樣加上流行
色彩。彩色雪輪大
和形禮金袋440円

和詩俱樂部 油小路本店
わしくらぶあぶらのこうじほんてん

也能體驗做手漉和紙的和紙專賣店。
有種類豐富的便箋、信封及禮金袋
等，從古典紋樣到充滿玩心的圖案，
設計風格多采多姿。不妨想像收信人
高興的表情來挑選文具吧。

☎075-213-1477 🏠京都市中京区二条油
小路上ル薬屋町593 スガビル1F
🕐10:00~18:00 休不定休 P無
‖地鐵二條城前站步行5分
MAP附錄7 C-2

光看就覺得開心的
藝術文具

每季都有新作登場的一筆箋各495円。高
旗將雄先生的熊、黑ねこ意匠的BLACK
CAT ROBIN[A]、Aiko Fukawa小姐的
Little Window

插畫家西淑小姐
的2種圖案便箋
信紙信封組tree
550円

cozyca products shop HIRAETH
コジカ プロダクツ ショップ ヒライス (小鹿產品店)

「cozyca product」(小鹿產品)是由
老字號和風文具製造商「表現社」所
創的品牌。在直營店「HIRAETH」，
可看到一大排以藝術家及年輕設計師
作品為主題的可愛文具。

☎075-253-0640 🏠京都市中京区河原
町夷川上る指物町322 🕐12:30~19:00
休週一 (逢假日則翌日休) P無
‖京阪神宮丸太町站步行5分
MAP附錄6 E-2

用和風文具營造季節感

有各式各樣四季花草及祭祀相關主題等季節雜貨登場。使用時也想好好重視季節感。

手工印刷的獨特質感相當舒服

愈用愈順手的和紙書衣約100種。
貓1045円，繡球花紋2090円

使用如同半紙般輕盈具透明感的紙張。用毛筆或原子筆書寫也不滲透紙張的信紙組
各1595円

竹笹堂
たけざさどう

所有生產程序都是手工作業的木版畫店。手工印刷的鮮艷顯色及人工造成的微妙起伏為一大魅力。除了傳統圖案外，師傅所描繪的原創設計也相當受歡迎。

☎075-353-8585 ⌂京都市下京区綾小路通西洞院東入ル新釜座町737 ⏱11:00～18:00 ㊡週三（有臨時營業）
Ⓟ無 ⁝⁝地鐵四條站步行8分
ⓂⒶⓅ附錄7 C-3

也有小物收納盒及杯墊

可隨意改變形狀的紙製立體百褶盤1650円

插畫懷紙，有Tama、含羞草及水邊的麻葉繡線菊圖案（20張入）各440円

辻德
つじとく

1910年創業的懷紙專賣店。除了正統茶道點心用懷紙外，亦備有可取代杯墊、一筆箋及備忘錄等讓人想在各種場合使用的懷紙，充滿了設計感。

☎075-752-0766 ⌂京都市左京区岡崎円勝寺町91 グランドヒルズ岡崎神宮道101 ⏱10:00～17:00 ㊡週日（視季節有變動）Ⓟ無 ⁝⁝地鐵東山站步行5分 ⓂⒶⓅ附錄13 A-4

以古都為形象的封面相當別緻

與喜愛京都的外國創作者合作的御朱印帳、古都印帳各2145円

古都伊呂波筆記本847円，宛如和紙般質感的封面讓活版印刷更好看

京都活版印刷所
きょうとかっぱんいんさつしょ

創業超過60年的活版印刷工作室。以與京都有淵源的創作者攜手合作的「古都伊呂波筆記本」為代表，備有各種活用活版印刷凹凸質感的設計文具。

☎075-645-8881
⌂京都市伏見区深草稲荷中之町38-2
⏱15:00～19:00 ㊡週二、四、日
Ⓟ無 ⁝⁝JR稲荷站步行6分
ⓂⒶⓅ附錄4 E-4

在竹笹堂，除了文具外，也販售手拭巾及包包等原創生活雜貨。

受到廚師喜愛的老店工匠技巧
想一直珍惜的廚房器具

正因為京都以京都料理聞名，自古以來持續發展飲食文化，
我們才得以見到精巧的料理器具及廚房小物。
工匠手製的各式商品，是愈用愈順手可以終生使用的器具。

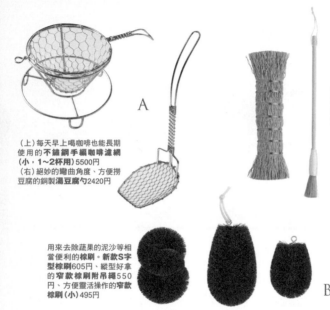

A

（上）每天早上喝咖啡也能長期
使用的**不鏽鋼手編咖啡濾網
（小，1～2杯用）**5500円
（右）絕妙的彎曲角度，方便撈
豆腐的銅製**湯豆腐勺**2420円

用來去除蔬果的泥沙等相
當便利的**棕刷**。新款**S字
型棕刷**605円、縱型好拿
的**寬款棕刷附吊繩**550
円、方便靈活操作的**寬款
棕刷（小）**495円

可用來洗鐵鍋等的**刈茅刷**
1540円。用來清潔磨豆
機等相當好用的**酒瓶刷**
1100円

B

讓餐桌頓時增色的**黃銅
共柄撈勺**，有孔5500円

C

B

C 兔子造型壓模（小）2860
円。做料理時間似乎也變
得開心。中型為4950円

A 工匠技術巧妙出眾的各種生活器具
辻和金網
つじわかなあみ

自平安時代傳承下來的金屬網
工藝店。技巧熟練的工匠所編
製的美麗商品已超越器具的範
疇，簡直就是藝術品。讓人想
充滿感情地好好保養，作為日
常使用。

本店設在御所南的閑靜地點

☎075-231-7368
⬆京都市中京区堺町通夷川下ル龜屋町175 🕐9:00～18:00 休週
日、假日 Ｐ無 🚉地鐵烏丸御池站步行10分 MAP附錄6 D-2

B 天然材質的清潔好幫手
內藤商店
ないとうしょうてん

以手工製的棕櫚雜貨聞名。柔
軟堅韌的棕櫚是製作掃帚及刷
子等打掃用具的天然素材。由
於不傷玻璃與陶器，用來清洗
餐具也相當好用。

具有歷史感的傳統町家建築

☎075-221-3018 ⬆京都市中京区三条大橋西詰 🕐9:30～19:00
休不定休 Ｐ無 🚉京阪三條站出站即到
MAP附錄10 E-2

黃銅製開罐器（千鳥）
7920円。想在家微醺時的最佳良伴

C

C

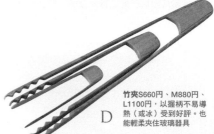

竹夾S660円、M880円、L1100円，以握柄不易導熱（或冰）受到好評。也能輕柔夾住玻璃器具

D

磨泥器（迷你）3960円。正反兩面的齒目一樣細，可用來磨薑及柚子等作為佐料

附托盤及刮刀，相當便利的磨泥器組4070円。齒目略粗，可嘗到不帶多餘水分、口感清脆的白蘿蔔泥

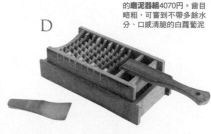

C

D

D

只要備有種類豐富的壓模，擺盤就會變得出色。楓葉（1.5cm）1540円、深櫻（小）及蝴蝶（小）各1210円

以溫和的色調妝點餐桌的京都箸各1100円。活用竹子的特徵，削細的尖端相當好夾，口感光滑

C 國內外的廚師頻繁光顧的錦之名匠鋪
有次
ありつぐ

以支撐京都料理的刀具為首，備有各式各樣料理器具，廣受職業廚師及主婦的信賴。不僅接待顧客無微不至，修理等售後服務也很完善，令人滿意。

一早就擠滿在地民眾及觀光客，好不熱鬧

☎075-221-1091 ⌂京都市中京区錦小路通御幸町西入ル鍛冶屋町219 ⏰10:00～17:00 困週三 Ｐ無 ♨阪急京都河原町站步行8分 MAP 附錄11 C-3

D 追求通用簡約的竹之美
公長齋小菅 京都本店
こうちょうさいこすがきょうとほんてん

手工製作與販售竹藝品。運用素材特性所製作的花籠與廚房用具，不僅設計讓人看不膩，用起來也相當順手。是具備「用之美」的日本手工藝。

店內商品可拿在手上挑選

☎075-221-8687 ⌂京都市中京区三条通河原町東入ル中島町74 ザロイヤルパークホテル 京都三条1F ⏰11:00～19:30 困無休 Ｐ無 ♨京阪三條站步行3分 MAP 附錄10 D-2

有次的壓模可用來將蔬菜壓出造型，裝飾料理或便當，或是當作餅乾壓模使用，用途相當廣泛。

尋找想每天使用
點綴日常生活的器皿逸品

在京都尋找中意且想要平時使用的器皿。
將能夠感受創作者想法及細膩手工的器皿
當成給自己的旅行紀念品，帶回日常生活中。

1. 釉藥產生有深度的藍色器皿為代表作。器皿的色調與質感也各不相同。能襯托料理的特色器皿該用來裝什麼料理好，讓人左思右想也相當有趣 2. 明亮的店內有棵吸睛的象徵樹 3. 帶有溫暖色彩的tetra系列咖啡杯4620円 4. 簡約的黑白（shiro-kuro）系列湯杯4950円 5. 佇立在山科的清水燒住宅區一角

襯托內容物
簡約洗練的器皿

TOKINOHA Ceromic Studio
トキノハセラミックスタジオ（鴇羽陶瓷工作室）

清水大介先生及友惠小姐夫婦基於「將傳統的清水燒作為日常使用」的理念所經營的陶瓷工坊。去除多餘元素的簡約造型，是清水夫婦的堅持。不妨確認表情略有不同的器皿觸感，尋找自己中意的器皿。

☎075-632-8722 ♤京都市山科区川田清水燒団地町8-1 ⏰10:00～18:00 ㊡週二 Ｐ有 ♨️川田巴士站步行4分 MAP附錄3 C-4

清水燒工房

在鴾羽（TOKINOHA）陶瓷工作室可以體驗做陶藝。而在姊妹店陶罐（HOTOKI），週五～日及假日可體驗手捏及使用電動轆轤做陶藝。

細膩的設計相當吸睛
有故事的器皿
SIONE 京都銀閣寺本店
シオネきょうとぎんかくじほんてん

陳列京都陶版畫家SHOWKO小姐作品的展示廳。這些以「閱讀器皿」為概念的作品，各自充滿故事的設計相當美。以四季的豆皿為首，還有當作婚禮小物或贈品的禮物組合，讓收禮者驚喜。

☎075-708-2545
⌂京都市左京區淨土寺石橋町29
⌚11:30～17:30 ⊠週二～四
🅿無 🍴銀閣寺道巴士站步行3分
🗺附錄13 C-1

1 在白色為基調的空間欣賞復古與現代作品的調和 2 保留前旅館風情的建築 3 白色器皿上設計細膩的金彩極具特徵。亦可刻名及訂做

貼近生活
充滿溫度的作品
nowaki ノワキ

以日本各地的工藝家做的陶器與木器為首，陳列精選講究素材與手藝的生活用品。店內亦備有美術與生活相關的二手書、自費出版品及繪本等，能讓人心情平靜的空間。

☎075-285-1595 ⌂京都市左京區川端通仁王門下ル新丸太町49-1 ⌚11:00～19:00（採來店預約制，預約請上官網）⊠不定休 🅿無 🍴地鐵三條京阪站步行3分 🗺附錄10 F-1

1 榻榻米上的舊櫥櫃內，陳列著可愛小動物的小物、造型美得讓人著迷的茶碗與盤子。由於是即賣品，陳列內容會有變更 2 令人懷念的長屋風格町家 3 陳列著簡約中具有存在感的餐具。讓人感受到製作者手工的溫暖，能細心過生活

在SIONE 京都銀閣寺本店，會不定期開辦搭配美麗器皿一同品嘗的中國茶會或花藝教室。

美味又可愛
反映四季風情的京菓子

表現日本美麗四季的京都和菓子。
可享受不同店家因應季節與歲時節慶的
創意及高雅滋味。

手折櫻 540円／這款菓子蘊含讓人想折下美麗櫻花樹枝帶回家的心意（預定3月中～下旬）

銀河 464円／透明的錦玉中藏著一閃一閃的光輝，讓人聯想到宇宙（7～8月）夏

春

夏

佐渡路 540円／以豆沙糰子表現出油菜花盛開，閑靜的佐渡之春情景（3月上旬）

新春川岸 540円／以可愛的菫花烙印及紫色表現出春天的河邊風情

熱鬧 464円／表現出祇園祭時音樂伴奏者的鼓槌飾繩搖晃的模樣。木瓜紋是仿造八坂神社的御神紋（7月）

乘涼 486円／以外郎※做成西瓜造型，相當可愛，表現出夏季的片刻清涼（8月）

延續5世紀老店的精緻點心
とらや 京都一条店 とらやきょうといちじょうてん（虎屋）

室町時代後期便在京都創業，自古以來一直擔任御所御用菓子的老店。以上等羊羹聞名，使用北海道產紅豆及生產數量有限的白小豆等優質食材，結合熟練的技巧所誕生的和菓子，每一種都風味獨具。

☎075-441-3111 ⌂京都市上京区烏丸通一条角広橋殿町415 ⏰9:00～18:00 ㊡不定休 Ⓟ有 🚌地鐵今出川站步行7分 ⊞附錄8 D-4

使用品茗者喜愛的京都名水做的甜點
龜屋良長 かめやよしなが

京都菓子名店開設的分號，於1803年創業。製作菓子時，使用的是獲選京都名水的醒井水。以季節京都菓子為首，也推出許多外觀可愛的新穎菓子。

☎075-221-2005 ⌂京都市下京区四条通油小路西入柏屋町17-19 ⏰9:30～18:00 ㊡無休 Ⓟ無 🚌四条堀川巴士站下車即到 ⊞附錄7 C-3

推薦當作伴手禮

季節羊羹 櫻之里 1944円（3月上旬～4月上旬限定）

小型羊羹 白味噌口味 292円

推薦當作伴手禮

百寶禮金袋 810円

鳥羽玉（6個裝）540円～

※：元朝「禮部員外郎」陳氏家族傳入日本的蒸糕。

6月30日品嘗的菓子
根據京都的風俗，6月30日這天吃仿造冰塊形狀的「水無月」來祈求無病無災。菓子上的紅豆似乎也帶有驅魔的意味。

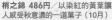

梢之錦 486円／以染紅的黃葉讓人感受秋意濃的一道菓子（10月）

花瓣餅 486円／源自平安時代的宮中儀式，用來慶祝新年的京菓子（過年期間）

秋

冬

玉菊 486円／師傅仿造菊花雕出一片片花瓣的設計相當美麗（9月）

染色 486円／以豆沙糰子表現出被紅葉樹林染上顏色的山景（10月）

聖者 432円／讓人聯想到耶誕老人帽子的嶄新設計（12月～耶誕節為止，需預約）

冬至 432円／得名於「用柚子泡澡」的冬至風俗（12月，需預約）

以銘菓銅鑼燒聞名的老店
京菓匠 笹屋伊織 きょうかしょうささやいおり

1716年創業。是左市（現在的七條堀川附近）── 位於從平安京的羅城門延伸出去的朱雀大路東側 ── 堅持至今的老店。代表性銘菓銅鑼燒，是每月21日前後3天內只在東寺的弘法市集才有販售的夢幻菓子。

☎075-371-3333 🏠京都市下京区七条通大宮西入ル花畑町86
🕘9:00～17:00 週二（每月20～22日營業，有補假） Ｐ無 ‼
七条大宮·京都水族館前巴士站下車即到 MAP 附錄5 B-1

推薦當作伴手禮

不倒翁（1個）324円

代表銘菓銅鑼燒（1條）1728円

創造符合時代的京都菓子
俵屋吉富 本店 たわらやよしとみほんてん

1755年創業的老店，不僅味道，在菓子的外觀、造型及色彩等創意部分均展現講究之處。第7代店主傾心於相國寺的雲龍圖，創造出味道滋潤精緻的人氣代表銘菓「雲龍」，請務必品嘗看看。

☎075-432-2211 🏠京都市上京区室町通上立売上ル
🕘8:00～16:00 週三、日 Ｐ無 🚇地鐵今出川站步行5分
MAP 附錄9 C-3

推薦當作伴手禮

八重（1個）130円

季節的琥珀1080円（內容視季節而異）

季節生菓子視年度而定，販賣時期、內容及設計可能會改變。因為有些商品需先預約，最好事先確認。

旅行的空檔時間買甜食稍作休息
深受在地喜愛的點心

男女老少都喜歡的樸素餅菓子及糰子。
除了在當地的人氣店大快朵頤做點心外，
也別忘了購買給自己的伴手禮。

從傳統到創意的圓形萩餅

小多福 おたふく

現任店主向創店的老闆娘學習萩餅做法並接受訓練。萩餅的內餡是使用北海道產大納言紅豆，糖則是混合數種糖。不用一般粳米而使用100％湖國近江糯米，這點也沒變。另外在傳統的萩餅中加入了新設計的口味。

☎090-7908-5111 ⚐京都市東山区下弁天町51-4 ⏱11:00～17:00
🈺週一、二 🅿無 🚉東山安井巴士站步行3分 MAP附錄12 B-3

❶位於安井金比羅宮的南側 ❷使用濃郁豆乳做的抹茶拿鐵500円 ❸萩餅1個220円～。除了招牌的紅豆粒餡外，還有柚子檸檬及杏仁口味

充滿魅力的圓形鯛魚燒

あまいろコーヒーたい焼き

あまいろコーヒーとたいやき（Amairo coffee and taiyaki）

位於京都小巷內的古民家咖啡廳，熱愛熊本天草的店主致力宣揚天草名產。在天草曾一度歇業的「まるきん製菓」為了重新復活，在「糕點師小山」（Pâtissier Es Koyama）的主廚等人的協助下研發出的鯛魚燒。

☎無 ⚐京都市下京区仏光寺通室町東入ル釘隠町242 ⏱12:00～18:00
🈺週二（逢假日則營業） 🅿無 🚉地鐵四條站步行3分 MAP附錄6 D-4

❶鯛魚燒與咖啡500円。咖啡使用的是天草「赤い月珈琲」的咖啡豆 ❷內餡有紅豆粒餡、散發綠茶香的卡士達餡及綜合3種 ❸以天草四郎※的招牌為標誌

※：日本江戶時代九州人民起義對抗高壓統治與重稅的島原之亂（1637～1638）領袖。

旅行最後一天才買伴手禮

由於餅菓子等不能夠久放，因此等旅行最後一天再去買伴手禮。也可以在鴨川河畔大快朵頤。

淡淡鹽味的紅豆餡味道絕妙

出町雙葉 でまちふたば

1899年創業，以「豆餅」廣為人知的生菓子店。柔軟的麻糬、大顆紅豌豆及綿密細緻的內餡三者融合出創業以來代代相傳的獨一無二滋味。紅豌豆的鹽味襯托出紅豆泥餡精緻的甜味。

☎075-231-1658　⌂京都市上京区青龍町236　⏰8:30～17:30（售完打烊）　困週二、第4個週四（逢假日則翌日休）　Ⓟ無　🍴葵橋西詰巴士站下車即到　MAP附錄8 E-4

1現做的餅菓子不斷賣出　**2**店前陳列的也是京都名產　**3**名代豆餅220円。至今仍使用創業以來的石臼進行麻糬的最後加工

內餡講究口感滋潤的銅鑼燒

亥ノメ銅鑼燒 どらやきいノメ

由曾在老字號和菓子店等習藝的店主所經營的銅鑼燒專賣店。每天只烘烤當天的份量，以現做多樣特有風味的餅皮，內夾煮至鬆軟、甜度克制的北海道產紅豆餡，廣受好評。

☎無　⌂京都市上京区紙屋川町1038-22　⏰10:30～16:30（售完打烊）　困週三、四、每月26日　Ⓟ無　🍴北野天滿宮前巴士站步行3分　MAP附錄15 C-3

1紅豆銅鑼燒250円、白小豆及虎豆銅鑼燒295円　**2**從人氣的黑糖蘭姆葡萄乾等招牌商品到季節限定商品，共有6、7種口味　**3**以橘色的門為標誌

出町雙葉總是大排長龍，其實只要在前一天打電話預約，不需排隊就能領取商品喔。

巧克力正時興的京都甜點
拜訪時尚的巧克力專賣店

近幾年在京都，充滿個性的巧克力專賣店陸續開幕。
活用食材的味道及琳瑯滿目的外觀，都是這個講究精緻的城市所獨有的。
不妨盡情享受和洋食材的絕妙搭配吧。

Chocolat BEL AMER※1
京都別邸三條店

ショコラベルアメールきょうとべっていさんじょうてん

設計美麗、多采多姿的巧克力，
彷彿閃亮的寶石般陳列著。

☎075-221-7025 ⛩京都市中京区三条通堺
町東入ル桝屋町66 ⏰10:00～20:00 (2樓巧
克力酒吧～19:30) 🈺不定休 🅿無 🚇地鐵
烏丸御池站步行5分 MAP附錄11 B-2

1仿造枡酒※2的瑞穗之滴巧克力各292円
2巧克力棒各594円～(內容會視季節改變)

NEW STANDARD
CHOCOLATE Kyoto by久遠

ニュースタンダードチョコレートキョウトバイくおん

大受歡迎的京都法式醬糜蛋糕配
料飽滿扎實，口感十足。

☎075-432-7563 ⛩京都市上京区堀
川出水上ル桝屋町28 堀川商店街内
⏰11:00～18:00 🈺無休 🅿無 🚌堀川
下立売巴士站步行3分 MAP附錄7 C-1

3京都法式醬糜蛋糕1300円為6片裝，1
片249円 4五彩繽紛的展示令人心動不已

dari K※3三條本店

ダリケーさんじょうほんてん

與印尼的可可農家合作，將食材優點
發揮到極致的商品深具魅力。個別包
裝的可可三明治餅乾是招牌伴手禮。

☎070-5265-6460 ⛩京都市中京区
上瓦町63(三条会商店街内) ⏰11:00
～18:00 🈺週二 🅿無 🚌堀川三条巴
士站步行4分 MAP附錄7 B-3

5黑巧克力與牛奶2種口味的可可三明治餅
乾(12片裝)2700円 6腰果巧克力1350円

※1：法文BEL AMER意為「美麗的苦味」。
※2：盛裝清酒給客人試飲的量酒器。
※3：dari的印尼文意為「來自」，K是指盛產可可的K字型島嶼蘇拉威西
（Sulawesi），也是京都（Kyoto）的英文首字。

CACAO MARKET BY MARIEBELLE

カカオマーケット バイマリベル

宏都拉斯可可農園在紐約創辦的品牌。店內陳列的每一種商品都味道濃郁且香氣豐富。

☎075-533-7311 ⏱京都市東山区常盤町165-2 ⏰11:00～18:00 ㊡週二（視季節有變動）Ⓟ無 🚃京阪祇園四條站出站即到 MAP 附錄12 A-2

1瓶裝巧克力球1900円 **2**也可享受量販巧克力

MALEBRANCHE 加加阿365 祇園店

マールブランシュかかおさんろくごぎおんてん

在祇園花街設店，備有以京都作風享受上等巧克力、充滿玩心的商品。

☎075-551-6060 ⏱京都市東山区祇園町南側570-150 ⏰10:00～17:00 ㊡不定休 Ⓟ無 🚃祇園巴士站下車即到 MAP 附錄12 B-2

3飾有京都名勝圖案的京之宙1顆403円～ **4**可可最中餅（3個裝）746円

Chocolaterie HISASHI

ショコラトリーヒサシ（HISASHI巧克力店）

可以嘗到CLUB HARIE出身的世界級巧克力師所做的巧克力球為首的獨創甜點。

☎075-744-0310 ⏱京都市東山区夷町166-16 ⏰10:30～18:00（咖啡廳為～17:30）㊡週一、第1、3週二、不定休 Ⓟ無 🚃地鐵東山站步行5分 MAP 附錄12 C-1

5HISASHI SELECTION A 3780円 **6**使用原創巧克力做的「GAIA 71」756円（未稅）

在位於Chocolat BEL AMER京都別邸三條店2樓的咖啡廳，也可以享受巧克力甜點。

歡迎當作下午茶良伴
可愛到讓你心動不已的烘焙甜點

正因為作法比其他甜點來得單純，
才能率直表現出食材的優點及甜點師的心意，相當有意思。
攜帶方便，也很適合當作伴手禮。

小熊餅乾 216円
使用全麥麵粉製作，口感
酥脆。充分活用新鮮食材
的味道

薑味糖霜餅乾 216円
扎實的薑味糖霜能收斂
餅乾的甜味

可可餅乾 248円
散發芳香的可可風味。網眼
般的表面也增添酥脆感

果醬夾心餅乾 270円
大口吃下整塊餅乾，裡面的
果醬就會爆出來。果醬會視
季節而不同

蒙莫朗西(Montmorency)
櫻桃塔 320円
開心果麵糰搭配酸甜甜的酸
櫻桃，天作之合（期間限定）

Ecossais d'orange
320円
大塊橘皮麵糰口感十足。
表面以杏仁片做點綴

費南雪(financier) 320円
口感滋潤卻不厚重，帶有果香
餘味

坂田燒菓子店
さかたやきかしてん

店主坂田保子小姐所做的烘焙甜點簡約卻略帶古典。雖
然尺寸偏大，每種都甜而不膩，餘味猶存，讓人不禁一
片接著一片。

☎075-461-3997
⌂京都市上京区今出川通六軒
町西入西上善寺町181-1-1-B
🕐9:00～15:00 ㉡週一、二
Ⓟ無 🚏上七軒巴士站下車即
到 ᴹᴬᴾ附錄9 B-4

---

grains de vanille
グランヴァニーユ (香草粒)

氣氛時尚的西點店。大部分點心在烤好後會在表面塗洋
酒使之滲透，既能烤得香氣十足，口感也滋潤滑順。

☎075-241-7726
⌂京都市中京区間之町通二条
下鍵屋町486 🕐10:30～18:00
㉡週日、一 Ⓟ有
🍴地鐵烏丸御池站步行3分
ᴹᴬᴾ附錄6 D-2

※：PÂTISSERIE中譯為法式糕點，S代表本店主廚Shuhei、主廚的師父Sugino。

京都甜點的新浪潮

近年來，由店主獨自經營的小型店鋪逐漸增加。為尋求吃一口就感到幸福的美味甜點，漫步巡遊這類店鋪也是京都旅行的新玩法。

玫瑰花冠
324円
使用有機無農藥栽培的玫瑰花，質地滋潤的蛋糕

覆盆子棒
735円
酸酸甜甜的覆盆子滋味
在口中擴散開來

Petit Raisin
238円
蘭姆葡萄乾及3種芳醇
洋酒散發豐富的香味

C.S.S.Passion
370円
百香果風味酥脆焦糖

可露麗（cannelé）
350円
外層酥脆，內軟有彈性。
是先搶先贏的人氣商品

焦糖餅乾2片裝
150円
有著可愛的外型，肉桂味
卻很濃郁。薄脆口感讓人
上癮

檸檬餅乾2片裝
250円
添加檸檬汁的糖霜，替餅乾
的甜味增添一股強烈酸味。
星星造型也很可愛

香草擠花餅乾
3片裝 170円
簡單的香草風味。口感
滑順，入口即化

PÂTISSERIE.S ※ salon

パティスリーエスサロン（S法式糕點沙龍）

「PÂTISSERIE.S」以華美香味令人印象深刻的蛋糕及愈嚼愈有滋味的烘焙甜點受到好評。2017年秋季開幕的2號店亦附設沙龍，愈來愈便利。

☎075-223-3111 ⌂京都市中京區朝倉町546 ウェルスアーリ天保1F ⏰12:30～18:00（沙龍～17:30）困週三、四（逢假日則營業）🚇地鐵烏丸御池站步行10分 MAP附錄11 C-2

お菓子工房sampo

おかしこうぼうサンポ（漫步菓子工房）

曾在法國習藝的女店主所開設的烘焙甜點專賣店。為了讓顧客「也能享受挑選的雀躍感」，每種點心都是一口大小，這種女性特有的貼心令人高興。

☎075-241-3673 ⌂京都市上京區河原町通荒神口下ル上生洲町221キトウビル1F ⏰11:00～19:00 困不定休 ℗無 🚃京阪神宮丸太町站步行6分 MAP附錄6 E-1

坂田燒菓子店的司康餅既大塊又外酥內軟，也很推薦。

不論早餐、午餐還是點心
都人氣滿點的在地烘焙坊

以麵包消費量大聞名的京都，
有許多廣為在地民眾熟知的美味麵包店，
也有可內用的店喔。

街區的烘焙咖啡廳

樸實無華的簡單美味
Année アネ

店主是遠赴法國學做麵包的坪倉直人先生。他將法國民眾樸實無華的感覺及深植當地的氣氛帶回店內，備

有豐富多樣的麵包，從道地法國麵包到紅豆麵包等在地熟悉的麵包，一應俱全。

☎075-222-0517 ⌂京都市中京区姉小路町室町西入ル突抜町139 プリモフィオーレ1F ⏰11:00～20:00（咖啡廳～19:30） 🈺週四、日、第3週三 🅿無 ‼地鐵烏丸御池站步行5分
MAP附錄7 C-2 內用OK

1以可頌、鄉村麵包、內夾自製紅豆泥餡的紅豆麵包等豐富的麵包種類，受到廣泛世代所喜愛 **2**可在店內享用購買的麵包。咖啡廳menu中的麵包品項也相當豐富 **3**時光安穩流逝的咖啡廳空間

◆ ◆

以適合麵包的西餐為主題
RUFF ルフ

活用町家建築的雅緻空間。可吃到使用季節食材的原創三明治及100%黑毛和牛漢堡排等西式午餐。西餐

均附法國長棍麵包等3種麵包拼盤。陳列在店前的麵包也可搭配飲料內用。

☎075-746-2883 ⌂京都市中京区高倉通錦小路上ル貝屋町564
⏰11:00～18:00 🈺無休 🅿無 ‼地鐵四條站步行5分
MAP附錄11 B-3 內用OK

1添加章魚墨汁的黑色圓麵包煎蛋三明治，內夾生火腿、義大利綿羊起司。搭配自家烘焙咖啡套餐1518円 **2**位於錦市場附近 **3**店內廚房烘烤的麵包。添加大量發酵奶油、相當多汁的可頌麵包備受好評

與京都銘菓合作的吐司

「別格」是與京都銘菓「Otabe」合作的吐司專賣店，販售使用與Otabe相同的名水及獨家製的麵粉所製作的奢華吐司。

長年受到喜愛的人氣店

種類豐富的現烤麵包一字排開
進進堂 寺町店 しんしんどうてらまちてん

1913年於京都創業，在市內開設各種型態的店鋪。寺町店是備有種類豐富麵包的烘焙坊餐廳。早餐及午餐備受好評，有5種吐司麵包可任選。

☎075-221-0215 ⌂京都市中京區寺町通竹屋町下ル久遠院前町674 ⏰7：30〜19：00（內用〜18：30，餐廳〜18：00）㉫無休 Ⓟ無 ‼京阪神宮丸太町站步行10分 ⅯⅭⅭ附錄6 D-2 內用OK

富含發酵奶油風味的奶油可頌240円。可在店內享用現烤滋味。

到11時為止的限定西式炒蛋套餐（附飲料）1000円

1️⃣2021年起新工廠供應現烤麵包
2️⃣寬敞的餐廳區

（從左到右）柴漬咖哩麵包330円，酸莖皮羅什基（Pirozhki）330円。與京都老字號打田漬物合作的商品成為話題新名產

（由左到右）紅豆麵包180円，火腿麵包捲200円，奶油麵包170円。每一種都餡料飽滿。也可以大量購買，找到自己喜歡的口味

柔軟偏甜的熱狗麵包最受歡迎
まるき製パン所 まるきせいパンじょ（圓木麵包坊）

1947年創業。熱狗麵包從早上4時到傍晚4時一天出爐數次，每次出爐約400個，種類從熟食類到甜食類約15種。堅持無添加，強調樸素麵包滋味的火腿麵包捲為人氣招牌麵包。

☎075-821-9683 ⌂京都市下京區松原通堀川西入ル北門前町740 ⏰6：30〜20：00（週日及假日〜14：00）㉫週一（逢假日則營業）Ⓟ有 ‼大宮松原巴士站下車即到 ⅯⅭⅭ附錄7 C-4

京都Carnet 230円，夾火腿及洋蔥片的著名麵包

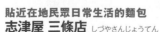

醬汁講究，長年受到歡迎的元祖炸牛排三明治600円

貼近在地民眾日常生活的麵包
志津屋 三條店 しづやさんじょうてん

創業於70多年前，在京都展店超過20間以上。店內陳列著重視食材、帶有懷念滋味的麵包，諸如使用新鮮蔬菜的調理麵包及微甜的點心麵包等。可在店內食用，也有人來店吃早餐。

☎075-231-0055 ⌂京都市中京區河原町通三条上ル恵比須町434 ⏰7：00〜21：00 ㉫無休 Ⓟ無 ‼京阪三條站步行5分 ⅯⅭⅭ附錄10 D-1 內用OK

地鐵烏丸御池站內設有志津屋自動販賣機區，可購買著名的京都Carnet等。

將京都美味帶回家
讓每日餐桌更有味的伴手禮

自古深受喜愛的老店調味料及話題料理包，
讓每天用餐更有味的京都特有調味產品相當豐富。
適合自家用，當作伴手禮也很討喜。

不需任何技巧的道地高湯包
おだしのうね乃 本店
おだしのうねのほんてん（Uneno高湯本店）

高湯包（黃）1588円

1903年創業的高湯專賣店。香味鮮味皆出眾，輕輕鬆鬆就能煮好的高湯包「JIN」有鰹魚及昆布萃取的高湯「黃」等4種口味。

☎075-671-2121 ♔京都市南區唐橋門脇町4
🕐10:00～18:00（週六～16:00）🈺週日、假日及第2週六
🅿有 ‼JR西大路站步行5分 ⟨MAP⟩附錄5 A-2

傳承京都風味與精華的醬油
澤井醬油本店
さわいしょうゆほんてん

西陣織生魚片醬油（本釀造二次發酵醬油）1000円

使用大木桶等傳統器具，守護傳統味道的老字號醬油店。西陣織生魚片醬油的商品標籤採用牽牛花、櫻花等帶有和風情趣的設計，也相當賞心悅目。

☎075-441-2204 ♔京都市上京區中長者新町角仲之町292
🕐9:00～17:00（週日、假日為10:30～15:30）🈺不定休
🅿有 ‼堀川下長者町巴士站步行10分 ⟨MAP⟩附錄7 C-1

使用第一道榨取的芝麻油添加香辛料製成
山田製油
やまだせいゆ

芝麻辣油（60g）594円

將技術熟練的師傅所製作的「第一道榨取芝麻油」，添加國產辣椒及中華香料製成的芝麻辣油，可嘗到辣中帶香、醇厚與鮮味。

☎0120-157-508（9:30～17:00／第1、3、5週六及假日休息）♔京都市西京區桂巽町4 🕐10:00～19:00
🈺無休 🅿有 ‼阪急桂站步行8分 ⟨MAP⟩附錄3 B-4

獨一無二的深沉香氣與滋味
原了郭
はらりょうかく

黑七味 四角1210円

1685年創業，以使用一脈相傳製法製成的佐料、活用代代相傳技法製的香料等受到好評。名產黑七味有著豐富香氣與深沉滋味，帶有絕妙的辣味。

☎075-561-2732 ♔京都市東山區祇園町北側267
🕐10:00～18:00 🈺無休 🅿無
‼京阪祇園四條站步行5分 ⟨MAP⟩附錄12 A-2

沒時間去總店時……

在街上的百貨公司、京都站周邊的伴手禮店
等，也有販售Uneno的高湯及山田製油的芝
麻辣油喔。

使用自然素材的健康穀麥
COCOLO KYOTO
ココロキョウト

京都柚子味噌(200g)1190円、祇園黑七味(200g)1290円

京都第一家穀麥專賣
店。以健康的乾果及
堅果添加黑七味以
及白味噌等京都特
色萃取物的穀麥受
到歡迎。

☎075-229-6619 🏠京都市中京区東洞院通三条下ル三文字
町201 2F ◷11:00~19:00 (週日、假日~18:00) 🈺週二
🅿無 ‼地鐵烏丸御池站步行3分 MAP附錄11 A-2

發現中意蜂蜜的專賣店
京都西陣蜂蜜專門店 ドラート
きょうとにしじんはちみつせんもんてんドラート (Dorato)

三葉草蜂蜜(加拿大、250g)1728円、
櫻花蜂蜜(愛知縣、200g)2160円

在西陣的町家長屋
營業的蜂蜜專賣店。
從國產到世界各地
珍奇蜂蜜等，備有約
50種蜂蜜，可試吃
挑選香味及風味不
同的蜂蜜。

☎075-411-5101 🏠京都市上京区大宮通五辻上ル西入ル
紋屋町323 ◷13:00~18:00 🈺週四 🅿無 ‼堀川上立売巴
士站步行5分 MAP附錄9 B-3

醋的老店製作的2種葡萄乾
孝太郎の酢
こうたろうのす

早晨葡萄乾、夜間葡萄乾各1512円

「早晨葡萄乾」是將
以京都名水及國產
米慢慢熟成釀製的
米醋與有機葡萄乾
兩者結合製成，「夜
間葡萄乾」則是使用
沖繩縣產蘭姆酒調
味的成人口味。

☎075-451-2071 🏠京都市上京区新町通寺之内上ル東入道
正町455 ◷9:00~17:00 🈺週日、假日、第2、4週六 🅿有
‼地鐵今出川站步行10分 MAP附錄9 C-3

將名產冰品做成果醬
祇園きなな
ぎおんきなな (祇園黑豆粉冰淇淋)

大豆粉冰果醬(原味)600円

將大受歡迎的大豆
粉冰風味凝聚成果
醬。使用丹波黑大豆
製成的大豆粉，散發
濃郁且上等的香味。
除了用來塗麵包，搭
配優格及甜點也非
常好吃。

☎075-525-8300 🏠京都市東山区祇園町南側570-119
◷11:00~18:00 🈺週四 🅿京阪祇園四條站步行7分
MAP附錄12 A-3

祇園きなな亦設有內用區，可在店內享用百匯等大豆粉甜點。

京都站是伴手禮的寶庫
名店美食的型錄

京都站是旅行的起點與終點。
站內的購物景點不斷進化中，
不需大老遠奔波就能買到名店美味喔。

A

都色 俵屋吉富
都色~京都不倒翁~ 1盒864円

活用乾菓子技術的彈珠汽水菓子。草莓口味，圓滾可愛的不倒翁造型

A,C

滿月
阿闍梨餅 1523円 (10個盒裝)

口感彈牙的自製餅皮和丹波大納言紅豆製成的紅豆粒餡相當搭配

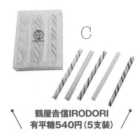

C

鶴屋吉信IRODORI
有平糖540円 (5支裝)

老字號京菓子店新推出的品牌。由技巧熟練的師傅所製作的色彩繽紛棒狀飴菓子

A,C

龜屋良永
御池煎餅 1620円 (1罐22片裝)

表面糖蜜微甜，入口即化的煎餅。當作伴手禮也會讓收禮者開心

C

nikiniki á la gare
Carré De Cannelle
1盒 (10組) 1188円~

聖護院八橋和菓子總本店所開設的新感覺甜點店。用生八橋將內餡及糖漬水果等包起來

A

梅園 oyatsu
御手洗奶油夾心餅乾 (5個裝) 1350円

混入白豆沙的餅乾內夾奶油霜及御手洗糰子的醬汁

A,B,C

豆政
洲濱糰子 594円 (14支裝)

堅持使用國產黃豆的菓子店。小巧且色彩高雅的糰子，帶有樸素的甜味

A,C,D

京都北山 MALEBRANCHE
濃茶貓舌餅「茶之菓」751円 (5片裝)

使用宇治、白川為首的嚴選茶葉製成的京都限定濃茶貓舌餅

A

UCHU wagashi
drawing (20個裝) 834円

可將色彩繽紛的落雁組合成自己喜歡的形狀。和三盆糖製成的落雁入口即化，帶有溫和的甜味

搭乘新幹線之前盡情享受京都

新幹線中央口剪票口前的ASTY SQUARE及新幹線剪票口內，概略網羅必買的名店伴手禮及便當。還有下鴨的茶寮寶泉分店及鯡魚蕎麥麵店「松葉」，以京都美味為旅行做個完美結尾。

A,D

A

京都祇園あのん
起司奶油紅豆最中餅(紅豆粒餡5個裝) 1836円

在香酥的最中餅餅皮中，依照個人喜好夾入十勝產紅豆製的紅豆粒餡及自製起司奶油醬

京菓子 Crochet
京飴雛 各345円・禮盒 1620円

製糖老店採用歐洲的顏色技術，推出色彩繽紛的京飴

A,B

A

総本家 河道屋
蕎麥餅乾 731円(150g袋裝)
※B只需477円(90g袋裝)

專售蕎麥與點心的老店。在蕎麥粉內加入蛋及糖做的樸素味道。有梅花形及圓形2種

丸久小山園
宇治茶迷你罐組 1296円(3種各1罐裝)

宇治老字號茶舖的濃口煎茶、玄米茶及焙茶組合

D

A

都松庵
最中餅 432円

內附京都紅豆店特製的紅豆粒餡、最中餅皮及求肥※，可自行DIY品嘗的最中餅禮盒

祇園やよい
山椒小魚 葫蘆包裝
(小魚乾80g) 1188円

添加山椒、煮至鬆軟的招牌商品山椒小魚京都限定包裝

這裡也能購買

A JR京都伊勢丹
ジェイアールきょうといせたん

☎075-352-1111（ジェイアール京都伊勢丹・大代表）⏰10:00～20:00（7～10F餐廳為11:00～23:00，11樓餐廳為11:00～22:00）視店鋪而異 休不定休 MAP 附錄5 C-2

B 京都站前地下街Porta
きょうとポルタ

☎075-365-7528
⏰餐廳・咖啡廳11:00～22:00（早餐時段為7:30～），商店11:00～20:30，其他視區域而異
休不定休 MAP 附錄4 D-2

C ASTY京都
アスティきょうと

☎075-662-0741（JR東海關西國際開發 平日9:00～17:00）
⏰視店鋪而異
休無休
MAP 附錄4 D-2

D KYOTO TOWER SANDO
きょうとタワーサンド

☎075-746-5830（10:00～19:00）⏰B1F11:00～23:00、1F10:00～21:00、2F10:00～19:00
休無休 MAP 附錄4 D-2

在京都購物／京都站的美食型錄

遇到站內疑難問題時，位於南北自由通路2樓的「車站大樓諮詢處」是便利的好幫手。

※：求肥（ぎゅうひ）是以白玉粉、糯米粉、砂糖和水飴製成的和菓子。

101

在氣氛悠閒的叡電沿線
巡遊書店、咖啡廳及雜貨店

從叡山電車的元田中站到一乘寺站一帶，有許多令人關注的商店。
有選書眼光獨到的書店、舒適的咖啡廳及小小雜貨店……等。
即使終日泡在這裡感受京都起源的文化也不會膩。

從少女系到哲學系，依照主題陳列書籍

嚴選生活雜貨

Gallery Amfaire是專售文具
及礦物系雜貨等的樓層，
亦設有藝廊

TRAVELER'S FACTORY
×KEIBUNSHA集章冊550円

惠文社原創木軸自動
筆385円，木軸原子筆
495円

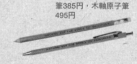

本店是一乘寺一帶的地標性書店

圖書相關的商品店
惠文社 一乘寺店
けいぶんしゃいちじょうじてん

讓閱讀的生活變得更充實豐富的書
店。本店設有4大空間：依照文學及
藝術等主題展開的圖書樓層、陳列
食衣住行相關用品的生活館、專售
文具等的Gallery Amfaire，以及提供
交流場所的活動空間小屋。

☎075-711-5919 ⬆京都市左京区一乘
寺払殿町10 ⏰11:00～19:00 休無休
Ｐ有 🚃叡山電車一乘寺站步行3分
MAP 附錄14 A-3

將裝滿嚴選咖啡豆的盒裝咖啡豆當作伴手禮

店內烘焙的新鮮咖啡。因應咖啡豆的狀態細心手沖

佇立在閑靜的住宅區，店內流動著安穩的空氣

手捏麵包拼盤600円

伯爵紅茶650円

麵包是內用才有的樂趣

充滿咖啡及甜點香的咖啡廳
京都珈琲焙煎所 旅の音
きょうとこーひーばいせんじょたびのね

位於改建自原美術學校的共享工房內的咖啡專賣店。店主前往世界各地農園所採購的咖啡豆，不僅稀有且好喝。

☎090-9117-7241 ⾹京都市左京区田中東春菜町30-3 THE SITE A ⏰12:00～19:00 週一 Ⓟ無 ⽔叡山電車茶山站步行6分 MAP 附錄14 A-4

享用現烤手捏麵包與咖啡
CAFE Uchi
カフェウチ(内田咖啡)

由內田夫婦所經營，僅有吧檯座的咖啡廳，內田先生手沖的自家烘焙咖啡與內田太太的手捏麵包受到好評。店內充滿溫暖的氣氛，相當舒適。

☎非揭載 ⾹京都市左京区山端森本町21-24北原ハイツ1F ⏰11:00～17:30 週一～三 Ⓟ無 ⽔叡山電車修學院站步行5分 MAP 附錄14 B-1

彷彿來到手工藝店集般令人雀躍

也販售店主彫金家谷內亮太先生的作品

以京都群山為形象設計的蕎麥豬口杯※3850円

充滿手作溫暖的場所
知世
ちせ

離哲學之道不遠的生活雜貨店。基於「融入每天日常生活中的物品」所挑選的器皿、首飾及果醬等，都陳列得很有品味。

☎075-746-5331 ⾹京都市左京区北白川別当町28 ⏰11:00～17:00 週一、二 Ⓟ無 ⽔北白川校前巴士站下車即到 MAP 附錄13 B-1

據說惠文社一乘寺店附近的東大路通有許多拉麵店，因此被稱作拉麵街。

※：猪口（ちょく、ちょこ）是朝鮮語「鍾甌」（Chyongku）的音譯，做為飲用清酒或盛裝蕎麥麵沾醬的小杯。

宇治神社
MAP 18 B-4

兩足院
MAP 附錄12 A-3

鴿子是幸福的象徵

六角堂
MAP 附錄11 A-2

蒐集帶來幸運的御神籤

學問之神的使者

菅原院天滿宮神社
MAP 附錄6 D-1

岡崎神社
MAP 附錄13 B-3

京都有眾多寺院與神社，除了結緣之外還有各種保佑。相對於被視為神佛化身的護身符，御神籤則是神佛給你的訊息。在誠心參拜後，不妨求個可愛的御神籤吧。

櫻花名勝的御神籤

平野神社
P.141

東寺 (教王護國寺)
P.128

保佑開運及勝利

禪居庵
MAP 附錄12 A-3

拜訪京都的經典景點

以清水寺、金閣寺、銀閣寺及天龍寺等
世界遺產寺社為中心的地區，
是一生一定要探訪一次的京都旅行王道景點。
每次探訪都有新發現，
蘊含著許多魅力。
稍微走遠一點到宇治、大原、鞍馬及貴船，
就能感受豐富的大自然喔。

走上坡就能看見朱色大門
巡遊人氣最旺的神社佛閣清水寺

位於音羽山半山腰的清水寺，至今仍不斷湧出名泉。
任誰從清水舞臺上俯瞰京都都會深受感動，
但真正令人感動的景色或許就在舞臺下。回程不妨抬頭仰望舞臺吧。

1

2

■2020年結束了更
換屋頂的作業，重新
展現莊嚴姿態的本堂
2從遠方也能看見的
三重塔為地標

從清水舞臺遠望京都的四季

清水寺 きよみずでら

位於音羽山半山腰佔地13萬平方公尺，由懸造的本堂、日本國內最大規模的三重塔以及寺院等構成壯觀的伽藍（寺院），為京都首屈一指的名剎。798年，坂上田村麻呂為了安置千手觀音像而興建殿堂。以「清水舞臺」聞名的本堂，採用突出在懸崖上的舞臺結構，是能眺望京都市區的絕佳景點。在櫻花染紅舞臺下方的春季以及紅葉映照在錦雲溪的秋季，也有夜間參觀，可看到出現在燈光中的夢幻世界。為「西國三十三所」第16號札所，被登錄為世界遺產。

☎075-551-1234 命京都市東山区清水1-294 ⏰ 6:00~18:00（視季節而有變動）困無休
¥本堂400円 P無 ‼清水道巴士站步行10分
MAP附錄12 C-4

本堂高度相當於4層樓高，由下往上仰望也能欣賞魄力十足的景色

從400年前開始培育的支柱

支撐清水舞臺的是18根梁柱。由於修復時需要欅樹木材，因此在京都市內北部栽種培育欅樹。不過，到可以派上用場之前得花費400年以上的歲月。

清水寺的看點

紅葉舞臺 こうようのぶたい
興建在懸崖上的清水舞臺。在眼前出現一大片紅雲的秋季，美得像是人間淨土。

地主神社 じしゅじんじゃ
供奉結緣之神「大國主命」為主祭神。
☎075-541-2097 ※2022年8月起關閉3年進行耐震整修工程

音羽瀑布 おとわのたき
也是清水寺取名由來的名水瀑布。據說飲用後能無病無災，長生不老。

堂內漆黑一片的「船內巡遊」活動大受歡迎

本尊阿彌陀佛配有千佛背光

從西門眺望，市區景色一覽無遺。還能遙望西山連峰

可觀看三重塔到舞臺的清水寺大全景

從奧院眺望清水舞臺是最棒的絕景！

N
4

季節的樂趣

成就院庭園特別公開

僅於春秋時特別公開的清水寺的塔頭寺院※。以「雪月花三庭苑」之一的「月之庭」聞名，據傳是由江戶時代的連歌師松永貞德所造。讓人想慢慢欣賞這座向高台寺山借景，山中豎立著石燈籠的名庭。

成就院 じょうじゅいん
🕐 4月29日～5月7日(9:00～16:00)、11月18日～30日(9:00～16:00、18:00～20:30)
🈺 期間無休
¥ 600円

本堂舞臺的地板更換作業已於2020年12月完成。可在新的檜木舞臺眺望景色。

※：高僧禪讓方丈一職後所住的小庵。

盡情體驗京都氣氛
漫步而行巡遊東山

從清水寺、八坂塔到青蓮院，
東山一帶不僅名勝眾多，別具風情的街道也很有魅力，
建議走石板坡道及小巷巡遊。

繞一圈 **5 小時**

推薦時段

巡遊洛東的代表性知名寺社路線。由於這些寺社的看點都很多，最好連同休息及尋找伴手禮的時間、觀光旺季的擁擠等要素一併考慮，規劃時間充裕的旅程。

東山景觀的象徵
京都的路標

八坂塔 やさかのとう

相傳飛鳥時代，聖德太子（572～621）為供奉佛陀舍利子所興建之法觀寺的五重塔。現在的塔是1440年重建的，作為東山的象徵，以「八坂塔」之名廣為人知。

☎075-551-2417 ⚑京都市東山區八坂通下河原町東入ル八坂上町388 ⏰10:00～15:00 ⊗不定休 ¥400円（小學生以下謝絕參觀）Ⓟ無 ‼清水道巴士站步行5分 MAP附錄12 B-3

塔高46公尺，被指定為重要文化財

以祇園祭聞名的京都守護神

八坂神社 やさかじんじゃ

供奉素戔嗚尊，能解厄、驅除疾病、保佑生意興隆等，是全日本祇園神社的總本社。7月舉辦的祇園祭也相當有名。

以朱色樓門為標記。也以「祇園大人」之名廣為人知

☎075-561-6155 ⚑京都市東山區祇園町北側625 ⏰自由參觀 Ⓟ無 ‼祇園巴士站下車即到 MAP附錄12 B-2

步行7分

步行即到

將心願寄託在
色彩繽紛的束猿上

八坂庚申堂 やさかこうしんどう

日本最古老的庚申堂。堂內掛滿五顏六色的束猿，是起源自將猿猴比作貪念，為制止貪念而供奉綁住手腳的猿猴玩偶。據說在束猿上寫下心願後掛起來，並克制一個欲望，就能實現願望。

☎075-541-2565 ⚑京都市東山区金園町390 ⏰9:00～17:00 ⊗無休 ¥免費參觀 Ⓟ無 ‼清水道巴士站步行5分 MAP附錄12 B-3

1 堂內亦建有庚申堂的使者，即「不見、不言、不聞」的三猿雕像
2 束猿500円，堂內事務所有售

步行4分

借景東山的池泉回遊式庭園

為亡夫秀吉祈求冥福的寧靜之寺

高台寺 こうだいじ

豐臣秀吉的正室北政所（暱稱寧寧）所興建。保留開山堂及靈屋等傳承桃山文化榮華的建築。四季皆美的池泉回遊式庭園乃是出自小堀遠州之手。

☎075-561-9966 ⚑京都市東山區高台寺下河原町526 ⏰9:00～17:00（春、夏、秋的夜間參觀期間～21:30）⊗無休 ¥600円 Ⓟ有 ‼東山安井巴士站步行7分 MAP附錄12 C-3

步行5分

興建在華頂山腳下的名剎
知恩院 ちおんいん

興建在淨土宗的開山祖師法然初次傳道、入滅之地的淨土宗總本山。以壯觀的三門為首，還有祭祀法然的御影堂被指定為國寶。除此之外，院內也有以除夕鐘聞名的大鐘樓等，眾多堂宇林立。

☎075-531-2111 ⛩京都市東山区林下町400 ⏰9:00～16:00 ㊏無休 ¥院內免費（友禪苑300円，方丈庭園400円）P無
🍴地鐵東山站步行8分
MAP附錄12 C-2

1「三門」橫50公尺，高24公尺，以日本規模最大的木造門聞名 21639年，德川家光下令重建的國寶御影堂 3支撐重約70噸大鐘的大鐘樓

步行3分

在此小歇一下

天台宗三大門跡寺院之一
青蓮院 しょうれんいん

與皇室有淵源的天台宗門跡寺院之一，又名粟田御所。據傳由室町時代的繪師相阿彌及江戶時代的作庭家小堀遠州所打造的2大庭園也相當有名。
📖P.20

1在春秋季節的夜間特別參觀，庭園會點燈。一片夢幻光景呈現在眼前 2門前的天然紀念物大楠樹枝幹向四面八方延伸，相當壯觀

二軒茶屋 にけんちゃや

佇立在八坂神社的正門南樓門旁的茶屋。在這個改建自倉庫的摩登隱匿空間裡，可以品嘗到季節甜點及抹茶、名產田樂豆腐等輕食。

☎075-561-0016 ⛩京都市東山区祇園町 八坂神社鳥居內 ⏰11:00～17:00 ㊏週三 P無
🍴祇園巴士站步行3分 MAP附錄12 B-2

1店內的舒適空間讓人忘卻塵囂
2淋上黑蜜品嘗抹茶百匯1350円

在八坂神社～清水寺的途中，不妨試著走二年坂及產寧坂。石板坡道沿路上，林立著許多甜點店及雜貨店等各式各樣的店。

舞妓往來的花街，祇園
靜靜走在石板路上感受花街情調

石板路小巷上町家林立的祇園一帶充滿風情，
舞妓及藝妓所居住的花街也廣為人知。
幸運的話，說不定能遇到前往宴席路上的舞妓。

1 石板路的靜穆風情，使鮮艷的和服姿態顯得更漂亮
2 巽橋一帶也是有名的電影外景地 **3** 四條南的花見小路東側一帶，茶屋櫛次鱗比 **4** 妝點街道的可愛山茶花 **5** 祇園甲部歌舞練場是宣告春天來訪京都的「都舞」※會場

充滿嬌豔的古都氣氛
白川南通～花見小路通
しらかわみなみどおり～はなみこうじどおり

本區域的石板路沿路町家林立，在潺潺白川上架有一座小橋，充滿「這才是京都」的情調。位於巽橋旁的辰巳大明神，據說能夠保佑藝妓及舞妓們技藝精進。

MAP 附錄12 A-2·3

春季能遇見如夢般的櫻花美景

圓山公園的枝垂櫻。點燈後更顯華麗

※：「都舞」就是指過去曾是日本首都的「京都之舞」，每年4月1日至30日由裝扮華美的藝妓及舞妓練習生共同跳舞演出。

什麼時機能遇到舞妓？

若想看舞妓平時穿和服的模樣，可鎖定去習藝的上午時段；若想看綁著嬌豔的「垂帶」模樣，舞妓前往茶屋的傍晚時分是最佳機會。

在祇園發現的好店

感受祇園情懷的甜點店

ぎをん小森

ぎをんこもり（祇園小森）

本店位於祇園新橋，名叫西詰的繁華場所。這間位在白川沿岸、原是茶屋的甜點店，以餡蜜及百匯最受歡迎，使用十勝大納言紅豆、吉野葛、蕨粉等細心製作的甜點，每一道都饒富滋味。

☎075-561-0504 ⌂京都市東山区新橋通大和大路東入ル元吉町61 🕒11:00～19:30 休週三（逢假日則營業）、不定休
P無 ‼京阪祇園四條站步行5分 MAP附錄12 A-2

可嘗到各種滋味的抹茶巴伐利亞百匯1600円

小森餡蜜1300円

掛有白色門簾的純和風店

1舞妓練習時間表公布在入口處旁 2本蕨餅及本葛餅拼盤1380円

國產食材的上等風味令人著迷

ぎおん德屋 ぎおんとくや（祇園德屋）

名產是使用國產本蕨粉及和三盆糖揉製成的蕨餅，口感佳且柔軟彈牙有勁道。葛餅則留有老字號茶舖濃茶風味的餘韻。

☎075-561-5554 ⌂京都市東山区祇園町南側570-127
🕒12:00～18:00 休不定休 P無 ‼京阪祇園四條站步行5分
MAP附錄12 A-2

1特製葛餅套餐1700円
2洗練的空間

風格優雅的和風咖啡廳

ZEN CAFE

ゼンカフェ（禪咖啡）

江戶時代創業的和菓子店鍵善良房所設立的咖啡廳。店內相當時尚，舒適的氣氛使人安心平靜。還能嘗到許多總店所沒有的品項。

☎075-533-8686 ⌂京都市東山区祇園町南側570-210
🕒11:00～17:30 休週一（逢假日則翌日休）
P無 ‼京阪祇園四條站步行3分 MAP附錄12 A-2

位於祇園的鍵善良房本店，以入喉滑順的葛切（葛粉條）最受歡迎，是文人也為之風靡的逸品。P.37

新舊魅力相互融合的復古街道，寺町通

從三條通一帶往北走就有許多保留古時氛圍的店。寺町通上，茶鋪及木版出版社等老店櫛次鱗比。不妨以略帶成年人的心情走訪沿路的店家吧。

在烘焙茶葉的日子，路上瀰漫陣陣茶香

茶香使人心平氣和

一保堂茶鋪 いっぽどうちゃほ

經營300年以上的日本茶老店，販售回味無窮的上等茶葉。知識豐富的工作人員會詳細教導茶葉味道的差異以及推薦的泡茶方式等。在附設喫茶室除了可搭配點心一起享用外，也能輕鬆外帶。

☎075-211-4018 ⌂京都市中京区寺町通二条上ル ⓛ10:00～17:00（喫茶室～16:30）休第2週三 P有 ‼地鐵京都市役所前站步行5分 MAP附錄6 E-2

可輕鬆享用上等抹茶的條裝即溶抹茶（10條裝）1296円

甜味與澀味維持絕佳平衡且順口的芳泉煎茶（95g罐裝）2160円

抹茶（附點心）880円

（上）摩登洗練的店內

（右）渾圓可愛的花蕾杯各7700

替生活錦上添花的京都漆器

象彥 京都寺町本店 ぞうひこきょうとてらまちほんてん

可近距離選購的京都漆器店。以薄造法製成的獨特漆器，質輕好用且堅固。還有人氣的渾圓造型花蕾杯等，全是可長久使用的良品。

☎075-229-6625 ⌂京都市中京区寺町通二条上ル西側要法寺前町719-1 ⓛ10:00～18:00 休週二 P無 ‼地鐵京都市役所前站步行5分 MAP附錄6 D-2

兩口大的公主蛋糕令人雀躍

KINEEL糕點 京都店 パティスリー キニール（Patisserie KINEEL）

京菓子處「鼓月」所開設的西點店。展示櫃內有許多小巧可愛的蛋糕，陳列著充滿京菓子師傅特有細膩技巧的烘焙甜點等。

☎075-744-6184 ⌂京都市中京区二条通寺町東入ル榎木町95-3 ⓛ10:00～18:00 休週三 P無 ‼地鐵京都市役所前站步行4分 MAP附錄6 E-2

花瓣貓舌餅（rufleu）8個裝。加上酸甜草莓的香草口味1296円，宇治抹茶奶油口味1566円

可愛的「兩口大」公主蛋糕，1個378円～

寺町的名稱由來有歷史典故

原是平安京最東端的大道，其後荒廢。後來豐臣秀吉進行京都大改革，將寺院全集中在這條路的東側，因而得其名。

古典設計讓人心動

村上開新堂 むらかみかいしんどう

1907年創業。據說是京都第一家製作西點的店，昭和初期以來長年受到喜愛的俄羅斯餅乾口感柔軟，帶有懷念的滋味。店內亦附設可眺望坪庭的咖啡廳。

☎075-231-1058 ⋔京都市中京区寺町通二条上ル東側 🕙10:00～18:00（咖啡廳～16:30）休週日、假日、第3週一 Ⓟ無 ♨地鐵京都市役所前站步行4分 MAP附錄6 E-2

由於施工和翻修，咖啡廳2024年秋季之後重新開放

興建於昭和初期的洋風店鋪。有著曲線木框窗等，別具風格

俄羅斯餅乾各205円。有巧克力、杏仁等5種口味

版畫包裝盒＋內容物420円～。也能享受挑選速配的禮物送人的樂趣

將旅行的回憶裝滿小小包裝盒

十八番屋 花花 おはこやそうか

牆面上擺滿300種以上的版畫紙盒「十八番」※。從傳統到獨創性的圖案，應有盡有。可任選彈珠汽水、京飴、備忘錄、摺紙等內容物，與版畫包裝盒自由搭配。

☎075-251-8585 ⋔京都市中京区寺町通夷川上ル東側常盤木町46 🕙11:00～17:00（週日及假日～18:00）休週二、三 Ⓟ無 ♨地鐵京都市役所前站步行7分 MAP附錄6 E-2

也有招財貓

配合季節更換門簾

❶興建在三條寺町的矢田寺地藏娃娃大受歡迎 ❷在御池通的北側佇立著這種街燈，有木版店及古董店等老店林立，聚集許多藝術愛好者 ❸位於寺町京極商店街的梅園三條寺町店 🔗P.36 ❹寺町店 🔗P.97位於受到在地喜愛的老字號烘焙坊進進堂本社工廠旁

村上開新堂亦有販售11種餅乾綜合包（需事先預約）。很推薦用來送禮。

※：「十八番」原本是指日本歌舞伎名門市川家最擅長的十八個劇目，後來成為「拿手絕活」的代名詞，類似「十八般武藝」。

京都的經典景點／寺町通

滋潤五感的特別時間
體驗傳統文化及製作

漫步名勝及街道的確很開心，
嘗試挑戰傳統文化及製作體驗也很推薦，
能度過運用五感專注其中的寶貴時光。

茶道

進入透過一杯茶
與對方心靈相通
的深奧世界

抹茶體驗

可在正統的茶室體驗茶道禮儀及抹茶的
點茶方式。有工作人員詳細解說，初學
者也能樂在其中。

🕐 11:00～18:00
　 所需時間約30分～
¥ 2750円（附京菓子）
※預約優先

蹲著用杓子舀水淨手

從躙口進入茶室內，同時
欣賞壁龕上的掛軸

使用茶筅點抹茶。當抹茶
表面浮出細小的泡沫時，
口感滑順美味的抹茶就完
成了

也會教導喝茶的禮儀

表現歲時記的季節京菓子能襯托抹茶的味道

在正統派的茶室學習抹茶須知
福壽園京都本店 4階「京の茶庵」
ふくじゅえんきょうとほんてんよんかいきょうのちゃあん

創業230多年的茶舖。可在京都本店4樓的茶室，聽
專人解說茶道概要。透過接觸茶道一連串的流程，
從中窺見茶道的奧妙之處。

☎ 050-3152-2904　🏠 京都市下京区四条通富小路角
🕐 11:00～18:00　🈺 週三
🅿 無　🚇 地鐵四條站步行約7分　MAP 附錄11 C-4

聞香

遵照作法傾聽
裊裊升起的
香的聲音

聞香實踐體驗

為了在自宅也能輕鬆享受聞香而現場實
踐點香木。由於是坐在椅子上進行，可
慢慢體驗。

🕐15:00～
　※舉辦日期請參見官網體驗行事曆
　　所需時間約50分
¥2750円 ※除了週日及假日外，
需在前天受理時間內電話預約

在江戶時代延續至今的老店體驗
山田松香木店
やまだまつこうぼくてん

創業於江戶時代寬政年間的香
木專賣店。從香道等使用的正
統香木到日常容易使用的和風
香氛雜貨等，一應俱全。
☎075-441-1123 🏠京都市上京区勘
解由小路町164 🕐10:30～17:00 休
無休 🅿有 🚉地鐵丸太町步行7分
MAP附錄7 C-1

聞香是指專心感受香木的
香氣，細細鑑賞。能接觸
自室町時代起延續至今的
「香道」世界體驗，相當
可貴。

週末開張的工房兼商店
カクカメ

在口金包師傅小西美樹小姐的工房
兼商店所舉辦的製作口金包教室。
圓滾可愛兼具實用性的口金包，適
合當作送給自己的紀念品。
☎075-462-7008 🏠京都市右京区宇多野北
ノ院町14 🕐12:00～17:00（週日～16:00）
休週一～四、不定休（製作口金包教學為
不定期，需預約）🅿有 🚉嵐電御室仁和寺
站步行12分 MAP附錄15 A-2

將零件重疊後用大頭針固
定並縫合，縫合完成後再
翻面裝上口金。最困難的
步驟據說是裝口金

製作口金包

一起來動手做
專屬自己的
可愛作品吧

製作口金包體驗

從事先裁好的布料挑選喜歡的形
狀與花紋來裝口金的程序，在小
西老師的協助下，可完成自己喜
歡的口金包。

🕐週日的13:00～16:00（不定
期舉辦）所需時間3小時
¥3000円～（視形狀而異）
※由於不定期舉辦，需上官網
確認後再寄e-mail預約

山田松香木店也備有許多香袋、文香等令人動心的香氛雜貨。

前往被樹林與寂靜包圍
沁人心脾的銀閣寺

讓人不禁屏息的寂靜氛圍，
在砂浪間閃爍著月光的庭園裡充滿「侘寂」的世界觀。
探訪與光輝燦爛的金閣寺完全相反的日本文化源流。

充滿侘寂世界觀的東山文化象徵

銀閣寺（慈照寺） ぎんかくじ（じしょうじ）

1490年，足利義政於應仁之亂後所興建的東山山莊被改成臨濟宗相國寺派的寺院，以夢窗國師為開山祖師。正確名稱是慈照寺。1489年舉行上棟式，在義政死後完工。由上下兩層所構成：下層的心空殿為和樣（日本平安時代的建築樣式）的書院風建築，上層的潮音閣則是禪宗樣的佛堂風建築。東求堂曾是義政的持佛堂，內有最古老的四疊半茶室。這些都是象徵東山文化的建築，被指定為國寶。分布在月待山山腳下的庭園，據傳是義政親自與善阿彌一起打造的池泉回遊式庭園。為世界遺產。

■1 被稱作銀閣的觀音殿
■2 位於方丈（僧侶住所）前的白砂庭園。據說圓錐形的向月臺是為了看見月亮所堆砌 ■3 象徵侘寂的銀閣寺與銀白積雪相當搭配

☎075-771-5725
🏠京都市左京区銀閣寺町2
🕐8:30～17:00（12～2月為9:00～16:30）困無休 ¥500円（特別參觀費另計）🅿無
🍴銀閣寺前巴士站步行5分
MAP附錄13 C-1

「讓義政讚嘆不已的向月臺」
滿月之夜，混入白砂中的石英發出銀白色光輝，讓義政不禁詠唱道：「吾庵之所在，月待山麓下，遙望月影斜，慨然思明月。」

↑利義政曾熱心支援茶道、花道、建築及藝術等。銀閣寺的後山留下一口義政曾用於茶道的茶之井
→從窗外看到的庭園也別具風情

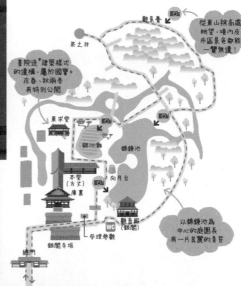

從東山稜高處眺望，境內及市區景色都能一覽無遺！

書院造※建築樣式的遺構，屬於國寶。在春、秋兩季有特別公開

以錦鏡池為中心的庭園長有一片美麗的青苔

觀景臺

茶之井

東求堂

銀沙灘

錦鏡池

本堂（方丈）

庫裏

向月台

觀音殿（銀閣）

WC

弄清亭

銀閣寺垣

總門

N

東求堂與銀閣同為保留興建當時樣貌的遺構

銀閣寺的看點

銀閣寺垣 ぎんかくじがき
從總門一直延續到中門，長約50公尺的細長參道，兩旁圍著被稱為銀閣寺垣的美麗竹垣。

銀砂灘及向月臺 ぎんしゃだんとこうげつだい
位在方丈前方的是以白砂堆砌而成的銀砂灘及向月臺。砂堆的意圖雖然不明，不過奇特的形式令人印象深刻。

觀景臺 てんぼうしょ
位在庭園水池後方的月待山上有觀景臺，境內全景都能一覽無遺。從上方觀看的銀閣也特別美。

銀閣寺內置有被分類為「銀閣寺重要的青苔」、「有些礙眼的青苔」、「非常礙眼的青苔」的青苔樣本。

※：「書院造」是以書院為建物中心的武家（幕府、大名與武士）住宅形式。

與疏水道的流水
一同漫步哲學之道

北自銀閣寺橋，南至若王子橋，
沿著疏水道長約2公里的散步道。
沿路有潺潺水聲與450棵櫻花樹綿延的林道。

繞一圈

4 小時

推薦時段

靠山的地方以法然院為首，散布著許多別具韻味的寺院神社，有時間的話不妨前去拜訪。途中也有休息點，可以坐在哲學之道的長椅上休息一下喘口氣。

■ 可在四季各異其趣的景色中散步的哲學之道 ■ 春天的哲學之道有許多櫻花盛開 ■ 秋天色彩鮮艷的紅葉 ■ 平安神宮的大鳥居是岡崎區域的地標 ■ 法然院春季特別參觀時，為境內增色不少的山茶花也是一大看點 ■ 南禪寺境內的水路閣是明治時代興建的建築

法然院
ほうねんいん

法然上人的淵源寺院。以阿彌陀佛為本尊，建有本堂、經藏、書院及鐘樓等。谷崎潤一郎等知名人士的墓地也在這裡。

☎075-771-2420 介京都市左京区鹿ケ谷御所ノ段町30 ⏰6:00～16:00（僅本堂為4月1～7日、11月18～24日為9:30～）休無休 ¥春季800円，秋季800円 P無 錦林車庫前巴士站步行7分 MAP附錄13 C-2

走過山門就會看到白砂壇

永觀堂
えいかんどう

正式名稱為禪林寺。由空海的弟子真紹所建立，在第7代住持永觀律師時漸漸成為淨土念佛的道場。秋季會舉辦特別寺寶展以及點燈。

☎075-761-0007 介京都市左京区永観堂町48 ⏰9:00～16:00 休無休 ¥600円（寺寶展期間為1000円）P有（寺寶展期間不可使用）南禅寺・永観堂道巴士站步行5分 MAP附錄13 C-4

洛東首屈一指的賞紅葉名勝

riverside café GREEN TERRACE

在此小歇一下

リバーサイドカフェグリーンテラス（綠陽臺河邊咖啡）

京都家常菜午餐1650円～。照片為附蕨餅及飲料1850円

位在哲學之道沿岸，充滿開放感的開放式露臺咖啡廳。可以嘗到使用季節蔬菜做的午餐及手工甜點等。

☎075-751-8008 ⯇京都市左京區鹿ケ谷法然院町72 ⏰11:00～17:30 ㊡週三 Ｐ無 ♟♟南田町巴士站步行3分 MAP附錄13 C-2

南禪寺
なんぜんじ

以無關普門禪師為開山祖師，創建在龜山天皇的離宮內，為臨濟宗南禪寺派的大本山。東山山麓上遍布著廣大的伽藍（寺院）。

☎075-771-0365 ⯇京都市左京區南禪寺福地町 ⏰8:40～16:40(12～2月期間～16:10) ㊡無休 ¥境內免費（方丈600円，三門600円，南禪寺400円） Ｐ有 ♟♟地鐵蹴上站步行10分 MAP附錄13 C-4

被紅葉妝點的三門

平安神宮
へいあんじんぐう

於平安遷都1100年的1895年創建。朱綠相間的社殿興建在鋪滿白砂的境內相當美。10月22日舉辦的時代祭相當有名。

☎075-761-0221 ⯇京都市左京區岡崎西天王町 ⏰6:00～18:00、神苑8:30～17:30（視季節而異） ㊡無休 ¥境內免費，神苑600円 Ｐ無 ♟♟岡崎公園 美術館・平安神宮前巴士站步行3分 MAP附錄13 A-3

朱色鮮艷的應天門

南禪寺境內附近有湯豆腐專賣店等，可享用自製的豆腐料理。

真品的光輝果然與眾不同
浮在水池上耀眼奪目的金閣寺

金閣寺的樓閣貼有好幾層金箔，總重量高達20公斤。
直接眺望金閣寺豪華絢爛的模樣固然很美，
境內的鏡湖池如同鏡子般倒映出的倒影也讓來訪旅客為之著迷。

1

象徵北山文化的金色樓閣

金閣寺（鹿苑寺） きんかくじ（ろくおんじ）

臨濟宗相國寺派的禪寺。前身是足利義滿興建作為自身隱居所的北山殿。義滿死後，第4代將軍義持遵照父親的遺言，以夢窗疎石為開山祖師改為禪寺。其正式寺號鹿苑寺，則是取自義滿的法名。應仁之亂時，除了金閣之外幾乎所有堂宇全都燒毀。而金閣也在1950年因為一名學僧放火而付之一炬，5年後重新修建。池泉回遊式庭園置有各大名（日本封建領主）捐贈的名石，構成強有力的構造。被登錄為世界遺產。

☎ 075-461-0013
🏠 京都市北区金閣寺町1
🕐 9:00～17:00
休 無休
¥ 500円
P 有
🚌 金閣寺道巴士站下車即到
MAP 附錄15 C-1

1 每一層的建築樣式各異的金色樓閣
2 紋菓「金閣寺」1200円及金閣沙布列（Sablé）餅乾520円

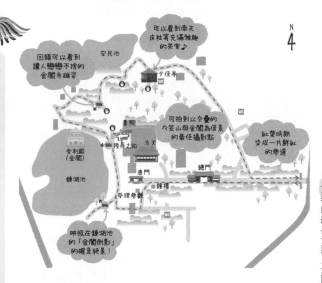

什麼是北山文化？

室町初期時，傳統公家（朝廷貴族、官員）文化與武家（幕府、大名與武士）文化融合成的文化。受到中國明朝的影響，誕生許多水墨畫、能劇（歌舞劇）、狂言（話劇）等流傳至今的文化。

金閣寺的看點

舍利殿（金閣）しゃりでん

第一層為寢殿造（高位貴族的住宅樣式），第二層為武家造，第三層為禪宗佛殿造，由3種建築樣式構成一棟建築。

陸舟之松 りくしゅうのまつ

據傳是足利義滿從盆栽移植過來的松樹。修剪成船的模樣，名列京都三松之一。

夕佳亭 せっかてい

茶人金森宗和的茶室。以一根南天竺樹幹原木做成屋柱的南天床柱、與荻莖編成的棚架聞名。

地圖標註：

可以看到南天床柱等充滿雅趣的茶室♪

回頭可以看到讓人戀戀不捨的金閣寺雄姿

安民池

夕佳亭

可拍到以交疊的衣笠山與金閣為借景的最佳攝影點

紅葉時期染成一片鮮紅的參道

書院

方丈

舍利殿（金閣）

鏡湖池

陸舟之松

唐門

總門

鐘樓

管理參拜

映照在鏡湖池的「金閣倒影」的確是絕景！

京都的經典景點／金閣寺

季節看點

下雪的金閣寺

金閣寺的雪景可說是冬季風情畫。以松樹的翠綠為背景，披上純白的衣裝，浮在水池上的金閣美得彷彿一幅畫。

在相國寺的官方網站可以看見金閣的即時影像。 http://www.shokoku-ji.jp

走在衣掛之路
巡遊世界遺產

從金閣寺沿著衣笠山山腳坡道上上下下，以龍安寺及仁和寺為首，許多別有深趣的寺院散布在此，可在此區步行巡遊世界遺產，度過略顯奢華的時光。

繞一圈 5小時

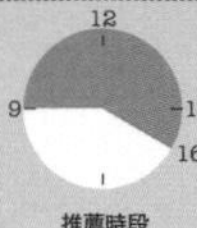

推薦時段

這裡聚集許多值得一看的寺社，若只走馬看花實在可惜，讓人想起個大早出門。如果走累了，也很推薦利用巴士。

1浮在櫻花雲海上的仁和寺五重塔 2畫在妙心寺的法堂天花板的雲龍圖出自狩野探幽之筆 3四季色彩繽紛的龍安寺鏡容池 4妙心寺的塔頭（參見P.137）之一，退藏院的庭園 5法金剛院是賞蓮名勝。讓人想起個大早出門欣賞惹人憐愛的蓮花 6綠意盎然的衣掛之路

龍安寺 りょうあんじ

武將細川勝元所創建。以四周有築地牆環繞的庭園上配置15塊石頭的方丈石庭聞名，不過關於造庭年代、作者及企圖等仍是一團謎。又名「虎負子渡庭」。

☎075-463-2216 ⌂京都市右京区龍安寺御陵ノ下町13 ⏰8:00～17:00（12～2月為8:30～16:30）休無休 ¥600円 P有 ‼竜安寺前巴士站下車即到 MAP附錄15 A-2

由於石頭的配置而取名為「七五三之庭」

仁和寺 にんなじ

宇多天皇於888年所創建，真言宗御室派的總本山。為世界遺產，以國寶金堂為首，二王門、五重塔等莊嚴的堂宇林立在此。御室櫻也相當有名。

☎075-461-1155 ⌂京都市右京区御室大内33 ⏰御所庭園12～2月9:00～16:00，3～11月9:00～16:30，靈寶館一年開館4次 休無休 ¥御所庭園800円，靈寶館500円，櫻花季節時境內500円(特別入山費)，高中生以下免費 P有 ‼嵐電御室仁和寺站下車即到 MAP附錄15 A-2

供奉著本尊阿彌陀佛三尊像的金堂

豆皮澆汁御膳2200円

在此小歇一下

P.120 金閣寺(鹿苑寺)
鹿苑寺庭園

衣笠山

壞內也有賣湯豆腐的店。

權太呂
金閣寺店

金閣寺道

西大路通

天神川

立命館大前

183

衣掛之路

與足利尊氏有淵源的寺院。

立命館大

181

龍安寺
西源院

竜安寺前

卍等持院

等持院東町

衣笠校前

北野天滿宮
P.141

仁和寺

宇多野駅

御室仁和寺

龍安寺駅

嵐電北野線

北野白梅町

北野白梅町駅

101

御室仁和寺駅

雛子ノ辻駅

162

130

妙心寺駅

等持院
衣笠校前
立命館大学

一条通

以可愛的沙羅雙樹的花聞名。

妙心寺

卍退蔵院

卍東林院

北野中前

常盤御池町

129

木辻南町

法金剛院

187

丸太町通

太秦駅

花園駅

JR嵯峨野線

円町駅

円町

一条駅

權太呂 金閣寺店
ごんたろきんかくじてん

名產是京都風烏龍壽喜燒「權太呂鍋」，滋味香淳的高湯為一大魅力。將半熟的豆皮澆汁淋在蕎麥麵、雞肉及蔬菜上的豆皮澆汁蕎麥麵也相當受歡迎。

☎075-463-1039　🏠京都市北區平野宮敷町26　🕐11:00～21:00　🈺週三　🅿有　🍴金閣寺道巴士站步行9分　MAP 附錄15 C-1

京都的經典景點／衣掛之路

妙心寺 みょうしんじ

將花園法皇的離宮改建成禪寺，為臨濟宗妙心寺派的大本山。擁有46座塔頭（參見P.137）的寺域全被指定為國家史跡。出自狩野探幽之筆的「睥睨八方之龍」—《雲龍圖》值得一看。

☎075-461-5226　🏠京都市右京区花園妙心寺町1　🕐9:00～12:00、13:00～15:30　🈺無休　💴700円　🅿有　🍴JR花園站步行5分　MAP 附錄15 B-3

退藏院等塔頭有一部分可以參觀

法金剛院 ほうこんごういん

鳥羽天皇的中宮，待賢門院復興這座寺院創建於平安初期的寺院。在昭和時期復原的庭園被指定為國家名勝，也是知名的賞蓮名勝。亦有國寶阿彌陀如來及重要文化財佛像等眾多佛像。

☎075-461-9428　🏠京都市右京区花園扇野町49　🕐每月15日9:30～16:00，7月觀蓮會期間為7:30～12:30（13:00閉門）　🈺無休　💴500円　🅿有　🍴JR花園站步行3分　MAP 附錄15 A-4

夏季的早晨，惹人憐愛的蓮花盛開

由於仁和寺的御室櫻的花（はな日文音同「鼻」）長得較低，像是在給人低頭請安，因此又名「多福櫻」。

穿過連綿不絕的鳥居
參拜世人嚮往的景點，伏見稻荷大社

結實纍纍的稻穗對日本人而言是豐收的象徵。
伏見稻荷大社祭祀帶來豐收的稻作之神稻荷大神，
世界各地的眾多香客來訪，祈求「各方面能開花結果」。

1鳥居緊密相連的千本鳥居。從隙縫間瀉下的陽光令人神清氣爽 **2**姿態凜然的狐狸是神的使者 **3**在7月下旬的宵宮祭，會點亮許多盞燈籠及行燈，可享受神秘的夜間稻荷大社散步 **4**奧社限定的狐狸繪馬（還願牌）800円，手機吊飾型白狐護身符800円

亦受到外國人歡迎的景點
伏見稻荷大社
ふしみいなりたいしゃ

是日本各地3萬個稻荷神社的總本宮。作為五穀豐收、商業興隆之神，新年參拜的熱鬧程度堪稱西日本第一。據說鳥居及社殿的鮮艷朱色意謂著豐收。參拜之後，可在參道的伴手禮店邊走邊吃。

☎075-641-7331　🏠京都市伏見区深草薮之内町68　🕐境內自由參觀　🅿有　‼️JR稻荷站出站即到　[MAP]附錄4 E-4

歡迎光臨

從車站也能看到朱色的大鳥居。許多國內外的香客來訪，好不熱鬧

巡山跟爬山一樣累嗎？
稻荷山標高233公尺。清少納言在《枕草子》中曾記載爬稻荷山爬得氣喘吁吁。巡山相當於健行等級，必須走山道，因此不可穿高跟鞋。

去巡山

走一圈2小時的路線

4 奧社奉拜所

又名奧院，是遙拜山神的地方

據說舉起重輕石時若覺得很輕，願望就會實現

1 樓門

豐臣秀吉曾來此祈求母親疾病康復，作為回禮所捐贈的

5 四辻

能眺望京都市市南部的絕佳景點。亦有茶店，可補充能量

3 千本鳥居

伏見稻荷大社的亮點。供奉鳥居信仰是源自江戶時代

6 一峰（上社神蹟）

稻荷山山頂。供奉著無數座環繞末廣大神的鳥居

2 本殿

首先在此參拜稻荷大神。重彩的雕刻是一大看點

也順路到此一逛吧

稻荷茶寮
いなりさりょう

連接石板參道的日本茶咖啡廳

位於境內休息處「啼鳥菴」的茶寮。可以嘗到伏見稻荷大社的御用老店椿堂茶鋪的抹茶及甜點。

☎075-286-3631 🏠京都市伏見区深草薮之内町68伏見稻荷大社啼鳥菴内 ⏰11:00～15:30 🈺週三（逢假日則營業）Ⓟ無
🍴JR稻荷站行5分 🗺附錄4 E-4

獻上宇治茶及生菓子1300円

稻荷百匯1400円

在巡山的參道上，也有眼力社、藥力社等為祈求保佑健康而有眾多香客來訪的神社。

感受來自稻荷山麓的空氣
在稻荷神社周邊小歇一下

位於東山三十六峰最南端的靈山「稻荷山」。
不論是從參道走到離車站最近的店
或是在山麓的咖啡廳悠閒度過，都任君喜好。

1 3手沖咖啡（熱）
650円等好喝的飲料
也相當豐富 **2**一盤
可享用多種美味的
Vermillion拼盤1800
円

在澳洲式咖啡廳稍作休息

Vermillion - cafe. ヴァーミリオンカフェ（朱紅咖啡）

採用店主待過18年的墨爾本咖啡廳形式
的店。接近墨爾本當地原味的原創特調
咖啡，以恰到好處的酸味及華麗的香氣
為特徵。亦可享用咖啡以外的飲料及供
應到14時為止的午餐等。

☎無
🏠京都市伏見区深草開土口
町5-31 🕘9:30～16:00
🈺無休 🅿無
🍴JR稻荷站步行6分
MAP附錄4 E-4

從JR稻荷站走約6分

將狐狸煎餅當作伴手禮

手工烘烤如同狐狸面具般的煎餅大受歡迎。到據說是稻荷煎餅的發祥店「總本家寶玉堂」 **MAP** 附錄4 E-4購買吧。

❶備有炸蝦蘿蔔泥茶蕎麥麵1540円等，各種茶蕎麥麵菜單 ❷可脫鞋進去的沉穩空間

享用自製蕎麥麵及烏龍麵

可乃古 かのこ

提供第4代店主現打蕎麥麵、使用宇治抹茶做的茶蕎麥麵，以及細心揉製的烏龍麵。代代傳承的京都風高湯，堅持使用熟成3年以上的利尻昆布等。可以享用鯡魚蕎麥麵等京都特色美味。

☎075-641-4507 🏠京都市伏見區深草稻荷中之町59 ⏰11:00～17:00（蕎麥麵售完打烊） 🈺週三（逢假日則營業，休息日變更） 🅿無 🚻JR稻荷站步行3分 **MAP** 附錄4 E-4

❶伏見稻荷店限定的五種京都蓋飯評比膳4000円 ❷位於八嶋池附近的店

提供五穀豐收的幸福

五穀豊穣のお茶屋ご飯 五木茶屋 伏見稻荷店
ごこくほうじょうのおちゃやごはんいつきじゃやふしみいなりてん

位於境內千本鳥居附近的飯館。求取五穀豐收的「五種京都蓋飯評比膳」是以黃金玉子蓋飯為首，陳列著使用當令鮮魚及季節京都蔬菜等外觀也相當鮮豔的蓋飯。

☎075-643-5217 🏠京都市伏見區深草開土町20 ⏰10:30～19:00 🈺無休 🅿無 🚻京阪伏見稻荷站步行7分 **MAP** 附錄4 E-4

❶可享受口感的ABOUT US風提拉米蘇770円，拿鐵咖啡550円 ❷2樓擺滿蝴蝶蘭的牆面令人印象深刻

可享用以世界基準烘焙的咖啡

ABOUT US COFFEE アバウトアスコーヒー

由取得國際生咖啡豆鑑定證照、擁有曾榮獲咖啡豆烘焙世界大賽優勝等無數實績的店主所經營的自家烘焙精品咖啡專賣店。從帶有果香的淺焙到沉穩醇厚的深焙咖啡豆，一應俱全。

☎075-644-6680 🏠京都市伏見區深草稻荷鳥居前町22-15 ⏰11:00～18:00（週六、日及假日為10:00～） 🈺週二（逢假日則營業） 🅿無 🚻京阪伏見稻荷站步行5分 **MAP** 附錄4 E-4

❶ななころびやおき（七轉八起）套餐2200円 ❷長型吧檯上設有烤爐的和風咖啡廳

享用適合搭配日本茶的和風美味

囲炉裏茶屋 ななころびやおき いろりちゃやななころびやおき

改建自町家的和風咖啡廳。坐在吧檯時眼前設有烤爐，由客人自行在兔子造型專用烤網上烤糰子及生麩等。現烤的石烤京都糰子味道也令人上癮。

☎075-634-8161 🏠京都市伏見區深草祓川町22-21 ⏰11:00～16:00 🈺週四、第3週三 🅿無 🚻京阪伏見稻荷站步行5分 **MAP** 附錄4 E-4

說起伏見稻荷的名產，就想到整隻炙烤的烤鵪鶉及烤麻雀。至今在神社門前仍有販售。

不僅五重塔，連佛像也令人著迷的東寺

東寺的五重塔相當有名，其實這裡是密宗美術的寶庫。
佛像不單只是信仰的對象，
不妨細細欣賞造型之美及工匠技術。

在與空海淵源深厚的寺院遇見密宗世界

東寺（教王護國寺）
とうじ（きょうおうごこくじ）

平安京遷都之際，桓武天皇為鎮護國家而於796年所創建。其後弘法大師空海獲嵯峨天皇賞賜，將東寺作為真言密宗的根本道場。為世界遺產，以祭祀立體曼荼羅的本堂講堂為首，供奉藥師佛的金堂、大師堂（御影堂）等國寶及重要文化財的堂宇接連林立，構成莊嚴的空間。本寺也是古文書、佛像及佛畫等密宗美術的寶庫，收藏有國寶81件及重要文化財約24000件。

1 講堂的立體曼荼羅 **2** 五重塔（國寶）高約55公尺，為日本最高的木造建築 **3** 面向九條通所興建的正門南大門（重要文化財）。現在的門是適逢平安遷都1100年紀念之際，將三十三間堂的西門移建過來

☎075-691-3325 ⌂京都市南區九条町1 ⏰金堂・講堂8:00～16:30，觀智院9:00～16:30 ⊠無休 ⊡境內自由參觀（金堂・講堂500円※視公開期間等而異） ⊞有 ‼近鐵東寺站步行10分 ⎝MAP⎠附錄5 B-2

弘法大師與天神大人的心情完全相反

京都有兩大廟會，一是源自弘法大師每月忌日，於每月21日舉辦的「弘法市」，另一則是每月25日舉辦的北野天滿宮的「天神市」。有這樣的傳說：「若弘法大人下雨，天神大人就會放晴。」

講堂的「立體曼荼羅」是用3D來表現佛的世界

昏暗的講堂內，有21尊佛像橫向並排成列。其中16尊是國寶，5尊為重要文化財。配置是以毗盧遮那佛為中心，立體呈現出曼荼羅壯大的宇宙觀。身置在這個空間裡，就會彷彿身在另一個世界般，令人感到不可思議。

check!

帝釋天

不動明王

毗盧遮那佛

金剛波羅蜜菩薩

國寶

國寶 ▲ 五大明王
以憤怒的表情引導著生通往正確的教義

重要文化財 ▲ 五智如來
開悟者稱作如來，是一切的中心存在

國寶 ▲ 五大菩薩
以如來為目標，一邊修行一邊拯救著生

講堂的帝釋天像
帝釋天以凜然端正的相貌及結實的體魄，成為佛像界首屈一指的知名帥哥，是講堂的人氣王。身披盔甲騎在白象身上，擊敗阿修羅贏得勝利，被尊為軍神。

觀智院　洛南會館
寶物館　北大門
西門　大日堂
大師堂　食堂　慶賀門
毘沙門堂　寶藏
本坊　受理參觀
蓮華門　講堂　大宮通
　　　　金堂　東大門
灌頂院　南大門　五重塔
九條通 ❶　　　近鐵東寺站

 佛教界的超級明星空海

空海被稱為日本史上最了不起的天才。年輕時為了學習密宗真髓而渡唐（中國），僅費時2年就習得密宗的一切回國。致力於救濟民眾。

弘法大師（空海）
曾到唐朝留學，將真言密宗宣揚到日本的僧侶

走出慶賀門，位在大宮通稍微往北的和菓子店可買到東寺御用的東寺餅。該店店名就叫東寺餅。

清澈的河川與茂盛的綠蔭使人平靜
前往結緣之神的上賀茂神社及下鴨神社

從遙遠的古代起就一直帶來清澈河水的鴨川。
人們為感謝水的恩惠，於是向眾神寫下心願。
只要虔誠參拜，定能獲賜良緣。

下鴨神社的糺之森是有神明寄宿的原生林

祈求天賜良緣

從上賀茂神社到下鴨神社，沿著賀茂川散步心情會很爽快

和歌集《百人一首》也有詠唱上賀茂神社的楢之小川

能驅除各種災厄的賀茂別雷大神
上賀茂神社（賀茂別雷神社）
かみがもじんじゃ（かもわけいかづちじんじゃ）

創建年代不詳。祭祀的賀茂別雷大神負責守護京都的鬼門，受到皇室特別待遇。兩旁翠綠草地延伸的參道，令人神清氣爽。參道前方有楢之小川流過，社殿林立。

☎075-781-0011
🏠京都市北區上賀茂本山339
🕐鳥居內5:30～17:00 🈺無休
💴免費 🅿有 🚌上賀茂神社前巴士站下車即到
MAP 附錄2 C-2

■源自葵祭及賀茂賽馬的馬御神籤500円 ■朱色樓門為檜皮葺屋頂，相當優美 ■細殿前堆成圓錐狀的立砂，是仿造御祭神所降臨的神山。據說也是放在玄關前的鹽堆及淨化之砂的起源

片岡社 かたおかしゃ

供奉賀茂別雷大神的母神玉依姬命。這裡也是紫式部曾前來參拜祈求良緣的結緣之社。

■懸掛祈求良緣繪馬（還願牌）的社殿 ■神紋二葉葵造型繪馬500円，上面印有紫式部所寫的有關片岡社的和歌

御手洗糰子發祥自下鴨神社？

夏季時，下鴨神社會舉辦將腳泡入御手洗池，祈求無病無災的神事。據傳，御手洗糰子是以水池冒出的泡泡為形象。

穿過森林就會遇見下鴨神社樓門，重建於江戶時代。鮮艷的色彩令人驚艷

位於2條河川匯流處的神聖森林神社
下鴨神社（賀茂御祖神社）
しもがもじんじゃ（かもみおやじんじゃ）

與上賀茂神社統稱為賀茂社，起源可追溯自神話時代。平安時代被當作鎮護王城之宮，供奉上賀茂神社祭神的祖父神及母神。鎮座在有條小河流過的糺之森，本殿被指定為國寶。

☎075-781-0010 ⏰京都市左京区下鴨泉川町59 ⏱6:00～18:00（冬季為6:30～17:00）休無休 ¥免費 P有 ‼下鴨神社前巴士站步行5分 MAP附錄8 E-2

言社的7座小神社供奉十二生肖守護神

河合神社
かわいじんじゃ

《方丈記》作者鴨長明的淵源神社

供奉神武天皇的母神，也是女性的守護神玉依姬命。可來此參拜日本最美的美麗女神祈求變漂亮。

❶在繪馬（還願牌）上描繪想成為的自己並上妝的鏡繪馬800円 ❷貼在鏡子上的貼紙型鏡守※800円 ❸富含維他命，美肌效果佳的花梨美人水430円

相生社
あいおいのやしろ

向御神木祈禱之賢木祈求締結良緣

位於下鴨神社樓門前方，以保佑結緣聞名的神社。能保佑邂逅、結婚、生子、工作等各方面結緣。

❶男性從左邊，女性則從右邊繞相生社3圈許願 ❷手機吊飾型葵御守800円 ❸每個花紋均不相同的女用媛守1000円 ❹牛仔布製的男用彥守1000円 ❺2棵樹的枝幹在途中連成一體的連理之賢木

在上賀茂神社，每月第4個週日都會舉辦手作市集 ▷P.150。有雜貨及烘焙甜點等，商品種類豐富讓人目不暇給。

※：「鏡守」可讓女子受到美麗女神的照拂，順利畫出理想的妝容。

潺潺水聲讓心也慢慢放鬆
在鴨川河畔小歇一下

參觀不少景點後，在河畔休息一下吧。
從市區稍微往北走，不僅有草坪還有長椅，
還能稍微體驗野餐的氣氛。

← 人們及鳥兒都在此休息的市區綠洲 →

鴨川 （かもがわ）

鴨川以納涼床等給人熱鬧的印象，
同時也是人們休息的場所。在稍
微上游的地方還能看到民眾散步
或演奏樂器等悠閒模樣。

MAP 附錄8 E-4

天氣好的話還能走
跳石到對岸

架設在河上的
橋樑設計也值
得注目

四條大橋～三條大
橋附近。夏季可看
到納涼床亮相

← 充滿復古風情的麵包店 →

質地柔軟，以烤
香的核桃增添亮
點的核桃麵包
110円

可以吃到地瓜
溫和甜味的地
瓜麵包150円

氣氛復古的店面。2樓附
設ава曲咖啡廳

柳月堂 麵包坊 ベーかりーりゅうげつどう （Bakery柳月堂）

1953年創業以來，一直以樸
實滋味受到喜愛的麵包店。口
感鬆軟的核桃麵包以原味為
首，還有添加蘋果等口味也相
當有人氣。

☎075-781-5161
⌂京都市左京区田中下柳町5-1
🕖7:30～20:30
㊡週三、六 🅿無 🚉京阪・叡
山電鐵出町柳站出站即到
MAP 附錄8 E-4

在草皮上悠閒野餐

WIFE&HUSBAND

ワイフアンドハズバンド

有年代感的家具散發懷舊氣氛的咖啡店。裝入大量咖啡的保溫瓶以及裝有許多小點心等的野餐籃備受好評。讓人好想在天氣晴朗的日子到旁邊的賀茂川悠閒野餐。

☎075-201-7324 ⋔京都市北区小山下內河原町106-6 ⏰10:00～17:00 ✖不定休 ℗無 🚇地鐵北大路站步行4分 🗺️附錄8 D-2

1難以言喻的舒適感 2野餐籃1200円（1人份／90分）。亦可額外選租餐桌及椅子

以屋簷下懸掛椅子的個性化外觀為標記

京都的經典景點／鴨川河畔

可眺望鴨川的咖啡廳

Veg Out

ベグアウト（放鬆一下・素食咖啡）

供應調整身心餐點的咖啡廳。使用京都產有機蔬菜及無化學調味料等精選食材細心烹調的菜單，隨著香料不同的多樣化調味也是一大魅力。

☎075-748-1124 ⋔京都市下京区七条通加茂川筋西入ル稻荷町448 鴨川ビル1F ⏰9:00～10:30、11:00～17:30 ✖週一、不定休 ℗無 🚇京阪七條站出站即到 🗺️附錄4 D-1

豐富的當令蔬菜及穀物並附湯的VEG OUT拼盤1760円。可以品嘗蔬菜的原味

1可就近眺望鴨川度過悠閒時光 2位於七條大橋西側大樓的1樓。從早餐到晚餐，備有因應各種場景的菜單

鴨川有許多鴨子及鷺等鳥類聚集，甚至還能看到有河流寶石之稱的翠鳥。

從渡月橋到竹林小徑
漫步嵐山・嵯峨野

自平安時代以來一直受到喜愛的嵯峨野風景。
被《源氏物語》、《平家物語》及《嵯峨日記》中描寫的
雅致風景深深迷住，度過療癒的時光。

4 小時

推薦時段

從渡月橋周邊的一片熱鬧突然一轉，變成天龍寺北門附近清新的竹林小徑。小倉山腳下散布著古剎及純樸風情的草庵，可欣賞最具嵯峨野特色的風景。

前往嵐山的交通方式

JR京都站搭嵯峨野線約16分（240円），嵯峨嵐山站下車。或是嵐電四條大宮站搭嵐山本線約24分（250円），嵐山站下車。

1 染上一片秋色的嵐山 **2** 可欣賞大自然的保津川遊船也很推薦 **3** 從大河內山莊到野宮神社之間長約200公尺的竹林小徑，是嵐山的另一個象徵 **4** 穿梭溪谷行駛的小火車可盡情欣賞四季景觀 **5** 嵐山也是賞櫻名勝。渡月橋一帶是人氣賞花景點

常寂光寺 じょうじゃっこうじ

興建在小倉山麓的日蓮宗寺院。列入重要文化財的多寶塔為檜皮葺屋頂，採用和樣及禪宗樣兩種建築。紅葉之美也相當有名。

☎075-861-0435 ⌂京都市右京区嵯峨小倉山小倉町3 ⏰9:00～16:30 休無休 ¥500円 P有 ♨嵐電嵐山站步行20分 MAP附錄17 B-3

秋季籠罩在一片紅葉中的多寶塔

野宮神社 ののみやじんじゃ

獲選為伊勢神宮齋王的皇女為進行潔齋所隱居的神社。在《源氏物語》中，作為光源氏前去見六條御息所一面的舞臺而廣為人知。

☎075-871-1972 ⌂京都市右京区嵯峨野宮町1 ⏰境內自由參觀，社務所9:00～17:00 休無休 P無 ♨嵐電嵐山站步行5分 MAP附錄17 C-3

供奉結緣之神

大沢池
卍旧嵯峨御所
大本山大覚寺

清滝道
弁財天前
卍護法堂
公嵐山高雄
園大道

卍大覚寺
卍大覚寺道

祇王寺卍　清凉寺（嵯峨釈迦堂）卍
二尊院卍　　　　卍嵯峨釈迦堂前

保津峡駅

常寂光寺卍　　　　　丸太町通
小倉山隧道　　　　嵯峨嵐山駅
JR嵯峨野線
嵯峨野観光鉄道　野宮神社
桂川(保津川)　竹林小徑
嵐山公園　曹源池　天龍寺　嵐山駅
庭園
　　　　CSBread, Espresso嵐山庭園

渡月橋
嵐山公園・嵐山公園
法輪寺卍

嵐山

太秦駅

有栖川

太秦

三条通

桂駅

午餐的下午茶套餐「松」2300円

Bread, Espresso嵐山庭園
パンとエスプレッソとあらしやまていえん

供應彈牙柔軟的原創麵包及義式
濃縮咖啡。可在改建自茅草屋頂
宅邸的咖啡廳悠閒品嘗。

☎075-432-7940（烘焙坊）
☎075-366-6850（咖啡廳）
🏠京都市右京区嵯峨天龍寺芒ノ馬場
町45-15 🕗8:00～18:00
🈺不定休
🅿無
‼嵐電嵐山站
步行10分
[MAP]附錄
17 C-4

京都的經典景點／嵐山・嵯峨野

祇王寺 ぎおうじ

曾受到平清盛寵愛的白拍子祇王，在失去清盛寵愛後，與
妹妹祇女及母親一同隱居的寺院。樸素的茅葺屋頂草庵，
靜靜佇立在小倉山山麓上。

☎075-861-3574 🏠京都
市右京区嵯峨鳥居本小坂
町32 🕗9:00～16:30
🈺無休 🈷300円（大覚寺
共通券600円）🅿無
‼嵯峨釈迦堂前巴士站
步行15分
[MAP]附錄17 B-2

被深紅包圍的草庵

清涼寺（嵯峨釋迦堂）せいりょうじ（さがしゃかどう）

以嵯峨釋迦堂之名廣為人知的淨土宗寺院。據傳國寶本
尊釋迦如來像為釋迦年輕時的雕像。

☎075-861-0343 🏠京都市 右
京区嵯峨釈迦堂藤ノ木町46
🕗9:00～16:00 🈺無休
🈷境內免費，本堂400円（4、
5、10、11月與靈寶館的套票
700円）🅿有
‼嵯峨釈迦堂前巴士站下車即
到 [MAP]附錄17 C-2

嵯峨大念佛狂言（話劇）也相當有名

提到嵐山名產，就想到櫻餅。位於渡月橋一帶的店全年都有販售。

到晨霧籠罩的天龍寺
拜訪借景嵐山的名庭

以禪寺廣為人知，嵐山首屈一指的名剎天龍寺，
夢窗疎石所建造的池泉回遊式庭園之美也相當有名。
借景嵐山和龜山的曹源池令人看得入迷。

1

2

足利尊氏所創建的臨濟宗大禪剎

天龍寺 てんりゅうじ

足利尊氏為了替後醍醐天皇祈求冥福，以夢窗疎石為開山祖師而創建本寺，是臨濟宗天龍寺派的大本山。興建費用則用天龍寺船與大陸的貿易收入補貼。昔日不僅寺域廣大，塔頭子院也超過上百家，寺院等級位居京都五山第一高。現在的諸堂大多是明治以後所重建，東西橫向並列在伽藍（寺院）兩側的不是塔頭寺就是寺院。夢窗疎石所打造的曹源池庭園，在日本首度被指定為國家史跡及特別名勝。寺寶有重要文化財木雕釋迦如來座像及應永鈞命繪圖等。為世界遺產。

1紅葉映照在曹源池上的庭園 **2**皋月杜鵑替新綠的曹源池增添色彩，相當美麗 **3**庫內的達摩圖是描繪禪宗初祖達摩大師姿態的畫作

3

☎075-881-1235
⌂京都市右京区嵯峨天龍寺芒ノ馬場町68 ⏰8:30～17:00(10月21日～3月20日～16:30) 🈺無休 💴庭園500円（參拜諸堂需追加300円）
🅿有 🍴嵐電嵐山站出站即到
MAP附錄17 C-3

什麼是塔頭？

原是指德高望重僧侶的隱居所。門下的弟子則在隱居所旁興建小庵守護師父，後來弟子也變成高僧……，這樣的歷史不斷重複，因此大型寺院內散布著眾多塔頭。

天龍寺的看點

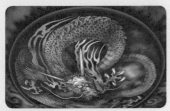

法堂 はっとう

明治時代時移建自舊坐禪堂的建築。堂內安置著釋迦三尊像。天花板的雲龍圖值得一看。

方丈 ほうじょう

法堂的西側為大方丈，其北側有書院（小方丈）。大方丈及書院分別於明治及大正時代重建。

多寶殿 たほうでん

供奉後醍醐天皇。為採用宸殿造建築樣式的建築，以長長的走廊連接書院與多寶殿。

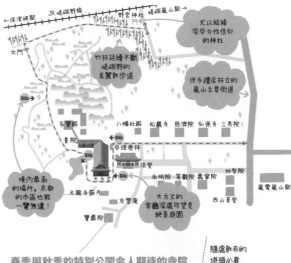

←保津峽駅　JR嵯峨野線　野宮神社　嵯峨嵐山駅→

北門

尤以結緣深受女性信仰的神社

竹林延綿不斷嵯峨野的美麗散步道

伴手禮店林立的嵐山主要街道

多寶殿
書院

八幡社殿　松嚴寺　慈濟院　弘源寺　三秀院

辦理參拜

境內最高的場所，京都的市區也能一覽無遺！

法堂

妙智院

永明院　等觀院　壽寧院

大方丈

大方丈的寢龐深處可望見絕景庭園

嵐電嵐山駅

天龍寺駅月

西山草堂

友雲庵

寶嚴院

隨處散布的塔頭必看

春季與秋季的特別公開令人期待的寺院

寶嚴院 ほうごんいん

1461年，迎請天龍寺開山祖師夢窗疎石（夢窗國師）的法孫聖仲永光禪師所創建。以嵐山為借景的回遊式庭園「獅子吼之庭」為一大看點。通常非對外公開，僅在春季及秋季時特別公開（付費）。

☎075-861-0091 ✿京都市右京区嵯峨天龍寺芒ノ馬場町36 ⏰特別公開時9:00～1700（夜間參觀時17:30～20:30）困期間中無休 ￥700円，夜間點燈為800円（預定）P有 嵐電嵐山站步行5分 MAP附錄17 C-4

塔頭的弘源寺僅在春秋兩季特別公開。枯山水的庭園、毘沙門天、竹內栖鳳及其一門的日本畫等為其看點。

紡織京都歷史的舞臺
從二條城到京都御所

江戶時代的開始與結束僅是須臾之間，
在京都，天皇與將軍比鄰而居。
日本兩大名家的豪邸究竟是什麼模樣？

1

將軍引以為傲，極盡奢華的城

元離宮 二條城
もとりきゅうにじょうじょう

德川家康興建此城作為上洛（入主京都）時的住處。
第3代將軍家光趁天皇行幸時進行大幅翻修，改建為
現在的模樣。裝飾國寶二之丸御殿的是狩野派豪華絢
爛的屏障畫（室內牆壁及隔間拉門上的畫）。特別名
勝二之丸庭園內，小堀遠州特有的石組相當精湛。

☎ 075-841-0096 ⛩ 京都市中京区二条通堀川西
入二条城町541 🕐 8:45～16:00 ✖ 12月29日～31日
💴 入城費1300円（含二之丸御殿參觀費）🅿 有 ‼
地鐵二條城前站出站即到 MAP 附錄7 B-2

■東南隅櫓（城上的守禦望樓）。
寬永期時興建於外堀四隅的櫓當
中，只留下東南隅及西南隅2座櫓
②唐門。為二之丸御殿的正門，
重彩雕刻是桃山文化的一大特徵
③第15代將軍德川慶喜曾在二之
丸御殿等級最高的大廣間表明大政
奉還的意向 ※照片提供：京都市
元離宮二條城事務所

2

平安京最古老的史跡

神泉苑 しんせんえん

作為天皇的庭園，與平安京一同興建。天
皇用來舉辦賞花、詩宴、賞魚、遊舟等之用
的法成就池，據說是御池通取名的由來。
這裡也是空海祈雨及舉辦祇園祭的發源
地，即御靈會的靈場。據說源義經在此看
到靜御前跳祈雨之舞，便對她一見鍾情。

☎ 非公開 ⛩ 京都市中京区門前町167
🕐 7:00～20:00 ✖ 無休 💴 免費 🅿 無
‼ 神泉苑前站下車即到 MAP 附錄7 B-2

■手拿護身符向本堂的聖觀音菩
薩及不動明王參拜，口中唸出心
願走過法成橋 ②善女龍王社供
奉著弘法大師從北天竺勸請回來
的龍神

繞一圈
4 小時

推薦時段

先巡遊二條城的二之丸御殿及本丸御殿，再到神泉苑。從這裡到京都御所搭地鐵就能輕鬆抵達。盡情欣賞御所之後，就從清和院御門穿過梨木神社，前往盧山寺。

廣大的休息公園，京都御所

御苑可分成四大區，由御所、迎接海外貴賓的迎賓館、上皇曾在此居住的仙洞御所，以及充滿自然氣息的公園所構成。

3

午餐也能享用
京都料理的套餐

京料理 藤本
きょうりょうりふじもと

中午就能品嘗京都料理套餐的市區餐廳。人氣午餐3850円～，除了使用季節海鮮及京都蔬菜做的料理外，還能享用加入西式食材做的個性派甜點。在個性開朗的店主款待下，坐在吧檯座也能夠好好放鬆。

☎075-211-9105 ⌂京都市中京區新町通池下ル神明町72 エリタージュ新町1F ⏰12:00～13:00、18:00～20:00 㽶週三 Ⓟ無 ♨地鐵烏丸御池站步行4分 MAP附錄7 C-3

■午餐套餐5500円的前菜範例之一。陳列有抱卵梭子蟹及白芋莖等各式料理 ■穿過玄關的麻布門簾，進入洗練的和風空間 ■配置白木吧檯的店內。亦備有一張桌位座 ■使用當令食材做的套餐甜點，也有常客衝著甜點而前來光顧

4

大屋頂優雅展開的天皇御殿

京都御所
きょうとごしょ

現在所在地被定為御所是在1331年。其後一直到遷都東京為止，共有27代天皇曾在此居住。11萬平方公尺的廣大用地內，保存著自古以來的型態。

☎075-211-1215（宮內廳京都事務所參觀負責人）⌂京都市上京區京都御苑1 ⏰9:00～16:20（10～2月～15:20，3、9月～15:50）㽶週一（逢假日則翌日休）Ⓨ免費 Ⓟ有 ♨地鐵今出川站步行5分 HP sankan.kunaicho.go.jp MAP附錄6 D-1

以左近之櫻及右近之橘為裝飾的紫宸殿於1855年重建

5

以紫色桔梗妝點的《源氏物語》誕生之地

盧山寺
ろざんじ

從船岡山歷經幾番變遷，1573年遷移到紫式部宅邸遺址所在的寺町。冬季時舉行充滿幽默的傳統活動鬼法樂※，眾鬼在節分上胡鬧跳舞。

☎075-231-0355 ⌂京都市上京區寺町通廣小路上ル北之邊町397 ⏰9:00～16:00 㽶2月1～9日 Ⓨ500円 Ⓟ有 ♨府立医大病院前巴士站步行5分 MAP附錄8 E-4

白砂、青苔及凜然綻放的紫色桔梗，與孤高的作家紫式部的形象重合面向寺町通的山門

位於京都御苑與盧山寺之間的梨木神社是賞萩花的名勝。亦以京都三大名水之一的「染井」聞名。

保留傳統街道
從西陣到北野天滿宮

工匠們傾全力織布，眾老闆則努力賣布。
有時眾人會一起到上七軒的花街找樂子，櫻花盛開時則一起賞花。
西陣這個城鎮，向世人展現了生氣蓬勃的生活樣貌。

1 安置著療癒痛苦的地藏尊
石像寺 しゃくぞうじ

以釘拔地藏廣為人知的寺院。相傳本寺是由弘法大師所開基，興建於819年。拯救蒼生於苦難之中的地藏尊「苦拔地藏」，之後被稱作「釘拔地藏」。

←在寺堂的外牆上，緊密排滿貼有拔釘鉗的珍奇繪馬（還願牌）
↑弘法大師所雕刻的石造地藏菩薩像被安置在地藏堂

☎075-414-2233 ⌂京都市上京区千本通上立売上ル花車町 ◐8:00～16:30 ㊡無休 ¥免費 Ⓟ無 ‼千本上立売巴士站步行2分 MAP附錄9 B-3

2 京洛最古老的本堂與招喚福氣的阿龜之寺
千本釋迦堂 せんぽんしゃかどう

1221年創建。正式名稱為大報恩寺。興建之際，堂內留下憑著智慧幫助丈夫解決木工施作問題的阿龜像*。以靈寶殿的六觀音菩薩為首的佛像也不容錯過。

☎075-461-5973 ⌂京都市上京区七本松通今出川上ル溝前町 ◐境內自由參觀 ㊡無休 ¥本堂・靈寶館共通券600円 Ⓟ有 ‼上七軒巴士站步行5分 MAP附錄9 B-3

↑以阿龜為主題的福守500円

免受應仁之亂波及的本堂。完整保留鎌倉時代樣貌的國寶建築

漫步在復古的街道……

在三上家路地購物

➡

釘拔地藏所在的石像寺

➡

延伸到北野天滿宮門前的北七軒

➡

糰子紋是上七軒的紋章

※：傳說阿龜是建造大報恩寺正殿的木匠大師的妻子，其凸出的臉和臉頰的形狀像烏龜。

繞一圈 4小時

從雨寶院到平野神社的小胡同散步，是涵蓋探訪寺院神社、看佛像、賞花還有欣賞舞妓的貪心行程。逛完雨寶院後接著到石像寺，逛完千本釋迦堂後再順道去上七軒。

12
9 — 15
17
推薦時段

12月的傳統：千本釋迦堂的白蘿蔔湯

於12月7、8日釋迦牟尼佛開悟日舉辦。將上面寫有梵字的白蘿蔔煮成湯，祈求祛病消災，之後招待參拜的香客享用蘿蔔湯。

3

習藝也沒問題，保佑技藝進步的學問之神

北野天滿宮
きたのてんまんぐう

供奉的菅原道真公，以「天神大人」的暱稱廣為人知。作為全國12000間天滿宮的總本社，經常看到考生來此參拜的模樣。在每月25日的廟會市集，說不定可以挖到寶。為賞梅及紅葉的名勝。

3

1 以太陽與月亮的雕刻為象徵的三光門。沒有星星則是個謎 2 神使臥牛，據說只要撫摸臥牛就會變聰明 3 4 到了2月，境內會瀰漫梅花香。2月中旬～3月下旬期間，週五～日還有梅苑點燈

☎075-461-0005 ⛩京都市上京区馬喰町 ⏰6:30～17:00 🈴無休 💴境內自由參觀，寶物殿1000円，梅苑·紅葉苑1200円 🅿有（每月25日不可使用）🚏北野天滿宮前巴士站下車即到 🗺附錄9 A-3

2

櫻花生氣蓬勃地綻放。等到櫻花盛開時，天空也會染上一片櫻花色

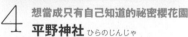

想當成只有自己知道的祕密櫻花園

平野神社
ひらのじんじゃ

隨著平安京誕生，從奈良遷至京都的古社。自江戶時代起就是京都首屈一指的賞櫻名勝，境內種有60種、共400棵櫻花。從3月中旬櫻花開始綻放到4月下旬晚開的櫻花，賞期約1個月。夜間也有點燈活動。

☎075-461-4450 ⛩京都市北区平野宮本町1 ⏰6:00～17:00（閉門），夜間特別參觀為3月下旬～4月中旬的日落～21:00 🈴無休 💴免費 🅿有 🚏衣笠校前巴士站步行3分 🗺附錄15 C-2

充滿當令味覺的水果三明治 1500円

在此小歇一下

檸檬果凍 800円

FRUITS&PARLOR CRICKET フルーツパーラー クリケット

老店水果咖啡廳。以創業當時就有的招牌果凍為首，憑著水果專賣店特有的新鮮多汁為賣點，擁有許多常客。

☎075-461-3000 ⛩京都市北区平野八丁柳町68-1 サニーハイム金閣寺1F ⏰10:00～18:00 🈴週二不定休 🅿有 🚏衣笠校前巴士站下車即到 🗺附錄15 C-2

平野神社的附近

西陣三上家路地的人氣蜂蜜店ドラート（Dorato）🔗P.99自下午1時開店。如果想順道前往，可以走逆行程，最後再到店裡瞧瞧。

京都的經典景點／西陣到北野天滿宮

遠離市區前往閑靜的山村
時光靜靜流逝的大原

從京都市內搭巴士約1小時車程距離的大原，
是名符其實的閑靜山村。
不妨來此接觸極樂淨土的另一個世界及知名庭園，療癒心靈。

1 莊嚴的諸堂與綠油油的苔庭
三千院 さんぜんいん

與妙法院、青蓮院並列為天台宗三大門跡寺院。院內有名勝庭園：池泉觀賞式的聚碧園與池泉回遊式的有清園，以及重要文化財往生極樂院、展示室等，看點相當多。

☎075-744-2531 ♙京都市左京区大原来迎院町540 ○9:00～17:00（11月為8:30～，12～2月~16:30）困無休 ¥700円 ℗無（附近有停車場）‼大原巴士站步行10分 MAP143 C

■苔庭的童地藏（杉村孝作品）■有清園建有往生極樂院，以安置國寶阿彌陀三尊像 ■江戸時期的茶人所興建的聚碧園。秋天的紅葉也很美

名稱蘊含「留連不前」之意的盤桓園。還有發出美麗聲響的水琴窟

2 額緣庭園的景致令人入迷到忘記時間
寶泉院 ほうせんいん

因法然（日本淨土宗開山祖師）的佛法論證「大原問答」而聲名遠播的勝林院塔頭（參見P.137）。院內有以名庭園聞名的額緣庭園※1「盤桓園」及鶴龜庭園。

☎075-744-2409 ♙京都市左京区大原勝林院町187 ○9:00～16:30 困無休，1月3日需洽詢 ¥800円（附抹茶及點心）℗無 ‼大原巴士站步行15分 MAP143 C

3 接觸延續千年的佛教聲樂
實光院 じっこういん

傳承天台聲明※2的寺院。可接觸與天台聲明相關的樂器，邊眺望庭園「契心園」邊啜飲抹茶。

☎075-744-2537 ♙京都市左京区大原勝林院町187 ○9:00～16:00（視季節而有變動）¥500円 ℗無 ‼大原巴士站步行12分 MAP143 C

以心字池為中心，有池泉觀賞式及池泉回遊式兩種庭園

※1：從室內透過樑柱間觀賞風景如畫的庭園，室內樑柱就像畫框般，稱為額緣庭園。
※2：天台聲明是一種佛教聲樂，在追悼會期間以旋律語調背誦佛經或咒語。

繞一圈

4小時

12
9 —— 15
16

推薦時段

在閑靜的田園風景中走到寂光院。在朝向三千院的呂川沿岸，伴手禮店林立，相當熱鬧。到了晚上往來行人就會絡繹不絕，若想悠閒地逛，最好提早出門。

變身大原女

觀光保勝會提供頭頂木柴到京都市區叫賣的「大原女」服裝出租服務。只要變身成大原女，到附近寺社及商店消費都有優惠。
大原觀光保勝會☎075-744-2148

4 在河畔的古民家午餐
大原 來隣 River side café
おおはらリバーサイドカフェきりん(OHARA River side café KIRIN)

可以嘗到身為專業蔬菜師的店主活用大原食材所烹調的菜餚。使用當令蔬菜做的京都家常菜及沙拉陳列整排的BUFFET式午餐大有人氣。

☎075-744-2239 ☖京都市左京區大原来迎院町114 ◷11:30〜16:00(午餐〜 14:30)
㊡週二 ℙ無 ‼大原巴士站下車即到
ＭＡＰ 143 B

村里祝福飯糰午餐2000円，一口大飯糰5種口味附京都家常菜及沙拉BUFFET

❶改建自古民家的寬敞空間
❷店內氣氛也很療癒

5 與《平家物語》有淵源的尼寺
寂光院 じゃっこういん

平清盛的女兒建禮門院出家為尼後度過餘生的寺院，境內可以看到許多《平家物語》的淵源景點。

☎075-744-3341 ☖京都市左京區大原草生町676
◷9:00〜17:00(12〜2月 〜16:30) ㊡無 休 ¥600
円 ℙ無 ‼大原巴士站步行15分 ＭＡＰ 143 A

夏季時穿過被綠葉覆蓋的綠色隧道就會看見山門

大原是京都漬物之一「柴漬」的發源地。夏季可看到一片紫色的紫蘇田。紫蘇汁也很推薦。

京都第一能量景點
在鞍馬·貴船充「電」

清淨涼爽的空氣，潺潺流動的清流，樹林的深綠。
這個京都最北之地，自古以來就充滿了「氣場」。
在豐富的大自然中使五感專注，讓身心充電。

毘沙門大人的神使
阿吽之虎1800円
（1月限定）

鞍馬·貴船的交通方式
京都站搭JR奈良線3分（150円）到東福寺站，轉搭京阪本線·鴨東線約15分（280円）到出町柳站。接著轉搭叡山電鐵約30分（470円），在鞍馬站下車。

拜殿採階梯式參道穿過建築物的割拜殿形式，相當罕見

1 充滿雄壯野趣的火祭之神
由岐神社 ゆきじんじゃ

平安時代，為守護京都北方所創建。在境內石階旁有一棵高聳的神木，這棵杉樹為樹齡超過800年的巨木。10月22日舉辦的鞍馬火祭是知名的京都三大奇祭之一。

☎075-741-1670 ⌂京都市左京區鞍馬本町1073 ⏰9:00～15:00（視季節而異）㊡無休 ¥免費 ㍿無 ‼叡山電車鞍馬站步行10分 MAP 145

天狗鑰匙圈御神籤500円

2 集結宇宙之氣的靈峰鞍馬與牛若之寺
鞍馬寺 くらまでら

奈良時代，以供奉北方守護神毘沙門天為起源。清少納言曾描述為「若近實遠」的九十九折參道及牛若丸與天狗的傳說，在闡述該寺的歷史。推薦佛像迷一定要欣賞靈寶殿的國寶毘沙門天像。

☎075-741-2003 ⌂京都市左京区鞍馬本町1074 ⏰9:00～16:15（靈寶殿～16:00）㊡靈寶殿為12月12日～2月底，3～12月11日的週二（逢假日則翌日休）¥愛山費500円，靈寶殿200円 ㍿無 ‼叡山電車鞍馬站步行5分（到山門）MAP 145

1懸掛著「鞍馬寺」匾額的朱色山門 **2**牛若丸與天狗切磋武藝的木之根位在通往貴船的山中 **3**本殿前的金剛床是氣場集中的靈氣景點

繞一圈 4 小時

推薦時段

從由岐神社到鞍馬寺，越過山嶺到達貴船的健行路線。夏季的話，請一定要去貴船的川床。前往貴船神社參拜的前後，也很推薦到參道上的咖啡廳及茶房小歇一下。

夏季旅行最推薦景點，貴船的川床

京都的後花園，貴船的夏季風情畫。在貴船川的流水與綠意環繞下，享用名產料理。

在此小歇一下

季節最中餅可搭配飲料一起享用

抹茶拿鐵600円等飲料採外帶式

Hyoue Cafe ヒョウエカフェ（兵衛）

可品嘗手工甜點及豐富多樣飲料的咖啡廳。在5〜9月川床季節時，只需點餐加座位費500円就能輕鬆體驗川床。

☎075-741-3077 🏠京都市左京区鞍馬貴船町101 ⏰11:00〜16:00 ⊗不定休 🅿無 ‖貴船巴士站步行15分 MAP145

3 培育所有生物的水神與結緣之神

貴船神社 きふねじんじゃ

自古以來作為守護鴨川水源的守護神而深受信仰。由於平安時代和泉式部曾在此祈求與丈夫重修舊好而順利如願，貴船川沿岸的結社因此成為結緣之宮。秋季時境內會點燈，作為夜間賞紅葉的名勝，相當熱鬧。

☎075-741-2016 🏠京都市左京区鞍馬貴船町180 ⏰授予所9:00〜17:00（視時期而異）⊗無休 ¥免費 🅿有 ‖貴船巴士站步行5分 MAP145

❶排列在參道旁充滿風情的燈籠 ❷放在御神水上進行占卜的水占卜御神籤200円 ❸以保佑結緣聞名的結社 ❹結緣御守袋各1000円 ❺以龍神為主題的龍鈴800円

往來出町柳及鞍馬之間的叡山電車展望列車「KIRARA」號，可透過全景窗欣賞風景，在紅葉季節特別受歡迎。

華麗的《源氏物語》落幕之地 —— 宇治
前往世界遺產平等院及宇治上神社

隱居在京都郊外的美麗公主與都城長大的貴公子所展開的戀愛故事。
宇治保留著以平等院為首的《源氏物語》時代的至寶，
與當時不變的宇治川流水，邀你重返平安時代。

完美無缺的建築樣式與安定感
符合極樂淨土的平穩安祥

前往宇治的交通方式

從JR京都站搭奈良線約20分（240円），
宇治站下車

山清水秀的宇治
散發王朝浪漫與和風香氣

1 平等院 びょうどういん

平安貴族藤原氏以當時流行的淨土教極樂世界
為藍本所打造的寺院。浮在水池上的鳳凰堂及
安置堂內的平安佛，象徵日本之美。收藏寺寶
的鳳翔館及黃金週時的藤棚，也是一大看點。

☎0774-21-2861 ⌂宇治
市宇治蓮華116 ⏰8:30〜
17:15，鳳翔館9:00〜16:45
㊡無休 ¥600円，鳳凰堂
內部300円 Ⓟ無
‼JR宇治站步行10分
MAP附錄18 B-4

在茶房「藤花」可享
用宇治的抹茶600円

國寶雲中供養菩薩等
佛像群也不容錯過

以鳳凰堂內的彩色為
主題的寶相花紙膠帶
550円

博物館週邊

讓肌膚宛如鳳凰般耀
眼美麗的吸油面紙附
粉撲400円

日本最古老的神社建築與桐原水

2 宇治上神社 うじかみじんじゃ

被列為世界遺產的神社，供奉應神
天皇及兩尊皇子。本殿建於平安時
代，拜殿則為鎌倉時代的建築，本
殿是日本最古老的神社建築，也是
國寶。境內不斷湧出的桐原水，是
宇治七大名水之一。

☎0774-21-4634 ⌂宇治市宇治山田59
⏰9:00〜16:30 ㊡無休 ¥免費 Ⓟ無
‼京阪宇治站步行10分 MAP附錄18 B-3

↑源自其中一尊祭神莵道稚
郎子的兔御神籤各300円

→本殿內部有3棟社殿並排

繞一圈 4 小時

從JR宇治站出發。逛完宇治川散步的亮點平等院之後，走過朝霧橋到宇治上神社所在的早蕨之道。前往三室戶寺需穿過住宅區，約30分。

推薦時段

《源氏物語》中的場面 勾宮與浮舟

在茶室品嘗道地的宇治茶

在平等院附近的「對鳳庵」，只要1000円～就能享用宇治茶及季節點心。初次來訪也能放輕鬆，可在正統的茶室體驗點茶手法。

以聲光效果介紹《宇治十帖》的宇治之間

平安之間展示實物大的牛車

被繡球花掩沒的日本柳杉。也有舉辦點燈

3 親身體驗《源氏物語》的世界
宇治市源氏物語博物館
うじしげんじものがたりミュージアム

能深入認識紫式部作品《源氏物語》的博物館。藉由模型及影像，淺顯易懂地介紹《宇治十帖》的世界。亦設有北山偷窺及源氏香等體驗區。

☎0774-39-9300 ⌂宇治市宇治東內45-26 ◷9:00～16:30(閉館17:00) 困週一(逢假日則翌日休) ¥600円 Ｐ有 ♨京阪宇治站步行8分 MAP 附錄18 B-3

4 繡球花盛開，關西首屈一指的花之寺
三室戶寺 みむろとじ

奈良時代所創建的古剎。又名「繡球花寺」，在群山環繞的廣大境內，50種多達1萬株的群花逐一綻放。春天的櫻花、石楠花及杜鵑，夏季的蓮花到秋季的紅葉，不論何時來訪都是最佳賞期。

☎0774-21-2067 ⌂宇治市菟道滋賀谷21 ◷8:30～15:40 (11～3月～15:10) 困無休 ¥500円 (繡球花園、杜鵑花園開園期間為1000円) Ｐ有 ♨京阪三室戶站步行18分 MAP 附錄18 C-3

京都的經典景點／宇治

在宇治茶原產地享用抹茶甜點

中村藤吉 平等院店
なかむらとうきちびょうどういんてん

一心一意專營茶葉的160年老店所經營的咖啡廳。招牌品項丸十(Maruto)百匯可享受抹茶濃郁的滋味。亦設有可眺望宇治川的座位，難怪會大排長龍。

☎0774-22-9500 ⌂宇治市宇治蓮華5-1 ◷10:30～16:30(視季節而有變動) 困不定休 Ｐ無 ♨JR宇治站步行6分 MAP 附錄18 A-4

招牌丸十百匯「綠色世界」1800円及免菓子18個裝1500円

宇治駿河屋
うじするがや

想買抹茶甜點的伴手禮就到這裡。除了宇治名產抹茶糰子600円～外，原創品項「茶香麻糬」也備受好評。

☎0774-22-2038 ⌂宇治市宇治蓮華41 ◷9:00～18:00 困週三(逢假日翌日休) Ｐ有 ♨J宇治站步行6分 MAP 附錄18 A-4

以抹茶風味黃豆粉包裹麻糬的茶香麻糬11條裝1300円

參觀鳳凰堂內部有人數限制，尤其是在旺季時，建議在入場後立刻購票。

四周有山川環繞，自然景觀豐富的宇治
悠閒漫步平等院周邊

宇治作為平安貴族的別墅地，也是紫式部相當喜愛的城市，
不僅有世界遺產，也傳承茶葉文化，充滿風情，
有著宇治獨特的文化及景點。

創業160年的宇治茶老店
中村藤吉本店
なかむらとうきちほんてん

1854年創業的本店，擁有茶
葉種類豐富的賣場，以及將
明治、大正時代所使用的製
茶工廠改建成現代風開放式
露臺咖啡廳。還有提供「磨
茶體驗」等本店特有的體驗
活動。

☎0774-22-7800 ⌂宇治市宇治壱番十番地 ⏰10:00～17:00
（咖啡廳～16:30），視季節而有變動 ㊡無休 ㍿有 ‼JR宇治站
出站即到 MAP 附錄18 A-4

焙茶魅力再發現
HOHO HOJICHA 焙茶專賣店 宇治本店
ほほほうじちゃほうじちゃせんもんてんうじほんてん

從宇治產一番茶烘焙而成的
上等焙茶到風味焙茶，可以
享用各式各樣的焙茶。也有
焙茶栗子迷你百匯、焙茶長
崎蛋糕等甜點，也很推薦買
來作伴手禮。

☎0774-22-0977 ⌂宇治市宇治妙楽51-2 ⏰10:00～17:30（18:00
打烊）㊡無休 ㍿無 ‼JR宇治站步行7分 MAP 附錄18 A-3

可享用中村藤吉本店宇治碾茶的生茶蕎麥麵[ZARU]1200円～

《源氏物語》最後的〈宇治十帖〉的舞臺

紫式部選擇本地作為〈宇治十帖〉的最後舞臺相當有名。在宇治川的西側，也有源氏物語博物館P.147。

6

7

10

11

12

8

9

1在宇治公園朝霧橋的右側，立有《源氏物語》中的登場人物，匂宮與浮舟的宇治十帖紀念碑 2 3中村藤吉本店除了生茶果凍1180円等和風甜點外，亦備有茶蕎麥麵等菜單 4 5HOHO HOJICHA 焙茶專賣店宇治本店的頂級碾茶焙茶鮮奶油拿鐵730円 6 7ホホエミカ也有提供宇治抹茶卡士達瑪芬367円等在地特色瑪芬 8 9Kunel no tsuzuki的宇治抹茶白巧克力貝果240円最受歡迎 10遊覽宇治川的屋形船 11宇治橋的西詰建有紫式部像 12架設在宇治川上的宇治橋

讓人感受季節的瑪芬專賣店

ホホエミカ

hoho emi kä

以使用北海道產麵粉、蔗糖以及季節水果等製作的瑪芬蛋糕大受歡迎。僅在週末登場的塔類點心也值得注目。

☎0774-25-6333 宇治市宇治妙楽17-6 11:00～17:30（售完打烊）休週二、三 P無 JR宇治站步行5分 MAP附錄18 A-4

柔軟彈牙的美味貝果店

クウネルノツヅキ

Kunel no tsuzuki

2021年從三室戶遷店於此。在所有麵包中，店主最喜歡的就是貝果，能感受到小麥原味的原味貝果最能傳達貝果的魅力。

☎0774-21-7533 宇治市宇治妙楽31-2 11:00～19:00左右（售完打烊）休週三、日及假日 P無 JR宇治站步行5分 MAP附錄18 A-4

以石塔為象徵的公園

京都府立宇治公園

きょうとふりつうじこうえん

由浮在宇治川沙洲上的塔之島、橘島及位於宇治川左岸的迴遊公園所構成的景點。朱色的橋架設在河川上，風光明媚。

☎0774-23-3353（宇治觀光協會）宇治市宇治塔川 休自由散步 P無 JR宇治站步行5分 MAP附錄18 B-4

宇治川的川岸、塔之島及橘島分別透過喜撰橋、橘橋、朝霧橋及中島橋連結，往來通行。

每月一次的樂趣
逛寺院與神社的市集

在神社及寺院境內舉辦的人氣市集，
彷彿就像翻遍玩具箱一樣，
也有很多有趣的雜貨，不妨去尋找回憶的物品吧。

盡是能感受手作溫暖的商品

享受邂逅的時光

元祖手作市集@寺院境內

百萬遍手作市集

每月15日

‖百萬遍‖ ひゃくまんべんさんのてづくりいち

每月15日舉辦，除了手工作品，也有麵包及烘焙甜點、自家栽培蔬菜、可現場飲用的咖啡店等，約350家攤位林立。風雨無阻。

☎075-771-1631（手作市集事務局10:00～15:00）⌂京都市左京区田中門前町103 ⏲8:00～16:00 Ⓟ無 ‼京阪出町柳站步行10分 MAP 附錄13 A-1

在小川河畔享受野餐氣氛

豐富的大自然也是樂趣之一

上賀茂神社的上賀茂手作市集

每月第4個週日

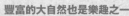

‖上賀茂‖ かみがもじんじゃのかみがもてづくりいち

在世界文化遺產上賀茂神社境內的楢小川沿岸所舉辦的手作市集，林立著甜點、雜貨、小物等攤位，相當熱鬧。每月第4個週日舉辦。風雨無阻。

☎075-864-6513（株式會社CRAFT）⌂京都市北区上賀茂本山339 ⏲9:00～16:00 Ⓟ有 ‼上賀茂神社前巴士站步行3分 MAP 附錄2 C-2

以木枝作為把手使用的姓名印章

終天神・終弘法
不論是天神市集還是弘法市集，由於12月也有販售正月用品，因此比平時更加熱鬧。

眾多國籍的俄羅斯娃娃

古物設計的小皿

尋找連行家也叫好的逸品

北野天滿宮的天神市集

每月25日

‖北野白梅町‖きたのてんまんぐうのてんじんいち

這個以「天神大人」之稱廣為人知的市集，於每月25日舉辦。參道及停車場附近林立著古董、舊和服、雜貨等攤位。風雨無阻。

☎ 075-461-0005
🏠 京都市上京區馬喰町
🕐 6:00時～日落
Ｐ 無
🍴 北野天滿宮前巴士站下車即到
MAP 附錄9 A-4

亦有許多販售點心等食物的攤位

全國古董迷嚮往的聖地

東寺的弘法市集

每月21日

‖九條‖とうじのこうぼういち

於弘法大師祭日的21日所舉辦的市集。有古董、二手衣、舊貨及小吃等，超過1000家以上攤位擠滿境內，初弘法（今年第一場市集）及終弘法（今年最後一場市集）共計20萬人，通常也有多達10萬人來訪。

☎ 075-691-3325
🏠 京都市南區九条町1
🕐 8:00～16:00
Ｐ 無
🍴 近鐵東寺站步行10分
MAP 附錄5 B-2

有數種琉璃珠可任選的書衣

擺攤的店家會有變動。雖然本書介紹過的店家有時也會沒擺攤，但仍可享受千載難逢的樂趣。

任選體驗令人期待
提供京都詳細導覽的飯店

不知該住哪裡好，令人猶豫的京都旅館。
機會難得，不如到提供觀光協助的飯店住宿。
備有各式各樣的方案。

Stay Plan

1入口處有21尊立體曼荼羅為主題的「曼荼羅藝術」迎接來客
2沉穩的緋色枕紙，以黃色抱枕為點綴的客房 **3**離車站及購物設施也很近

讓心平靜的曼荼羅住宿
OMO3京都東寺 by 星野集團
おもスリーきょうととうじバイほしのリゾート

距離京都站不遠的基本酒店。在休息室內有記載推薦景點的「鄰近地圖」，可深度了解京都魅力，還有提供抄經及塗香體驗。另備有在東寺做體操及參拜等充實的免費活動。

☎050-3134-8095 ⌂京都市南區西九条蔵王町11-6
🕐IN15:00 OUT11:00 🛏120間 🅿無 🚉近鐵東寺站步行2分
📍附錄5 C-2

還有可依照底佑種類任選的日本清酒！

住宿方案
1泊純住宿
10000円～（1房用）

在砂桌上專心抄經及打造枯山水

24小時都可以購買小零嘴及飲料

在工作人員帶領下前往東寺區域的觀光導覽活動

客房備品提供日本扁柏香氛噴霧等，散發療癒的香氣

可在「OMO空間」擬定悠閒的散步計畫

1在綠蔭環繞下可坐在搖椅上放鬆的中庭 2有舉辦早晨瑜伽、在非公開寺院坐禪及冥想體驗等活動 3客房的陳設堅持選用歷經歲月而增添韻味的天然素材

1町家特有的環繞坪庭的房間佈局 2也可以點選「本日の Bread, Espresso」現烤麵包的附早餐方案 3在檜木浴池泡澡舒暢一下

京都的經典景點／提供京都詳細導覽的飯店

以體貼地球與身體為概念
GOOD NATURE HOTEL KYOTO
グッドネイチャーホテルキョウト（京都好自然飯店）

能親身體驗自然健康生活方式的飯店。舉凡摸得到及吃的東西，都是使用讓身體高興的素材，亦設有販售有機食材及手工藝品的購物餐廳區。

住宿方案
1泊附早餐 38300円〜
※2人為41600円〜
※亦有早晨瑜伽、冥想體驗等工作坊

☎075-352-6730 🏠京都市下京区河原町通四条下ル2 稲荷町318-6 🕐IN15:00 OUT11:00 🛏141間 🅿有 🚉阪急京都河原町站5號出口步行2分 MAP附錄10 D-4

悠閒享受町家生活
京の温所 竹屋町
きょうのおんどころたけやまち（Kyo no Ondokoro Takeyamachi）

可接觸長存京都的「職住一體」生活作息的整棟出租旅館。在屋齡超過130年的町家，1樓有烘焙咖啡廳進駐，可以聞到現烤麵包香迎接早晨，度過充實的時光。

住宿方案
附早餐方案
1泊73600円〜
※在附設烘焙坊「本日の Bread, Espresso」一般開店前的時段，可包租內用區愉快用餐

☎0120-307-056（WACOAL客服中心） 🏠京都市中京区竹屋町通西洞院東入指物屋町371番地 🕐IN16:00 OUT11:00 🛏和室1棟 🅿無 🚉地鐵丸太町站步行6分 MAP附錄7 C-2

在GOOD NATURE HOTEL KYOTO的館內設施GOOD NATURE STATION 1樓的自然派超市，也販售京都的物產。

歷史及建築也值得注目
讓人足不出戶的改裝飯店

與京都一起存續至今、歷史悠久的町家與洋樓，
結束了興建之初的任務，搖身變成古典旅館。
有著讓人想久居的魅力。

住宿方案
全包式方案
1泊2食80000円〜
（2人1房費用）

1 興建於創業之地的舊大樓 2 全室客房的陳設各異，每次住宿都有新發現 3 由創業家所監造，可接觸到任天堂歷史的休息室兼圖書館

復古設計讓人心動的任天堂舊總公司
丸福樓
まるふくろう

在安藤忠雄先生的設計監造下，復原了1930年任天堂舊總公司大樓興建當時的旨趣，同時將大樓翻新為飯店。在具開放感的餐廳及休息室，度過特別的時光。

☎075-353-3355
🏠京都市下京区正面通加茂川西入鍵屋町342
🕐IN15:00 OUT12:00
🛏18間 P無
‼️京阪七條站步行5分
MAP附錄4 D-1

保留學舍記憶的豪華飯店
京都清水青龍酒店
ザホテルせいりゅうきょうときよみず（The Hotel Seiryu Kyoto Kiyomizu）

保留昭和初期興建的清水小學古典的外觀裝飾，改建為「最接近世界遺產清水寺」的簡約摩登酒店。不妨跟著館內各處遇見的藝術品，一起慢慢巡遊。

☎075-532-1111
🏠京都市東山区清水2-204-2
🕐IN15:00 OUT12:00
🛏48間 P無
‼️清水道巴士站步行5分
MAP附錄12 B-4

1 講堂變成書櫃環繞的餐廳 2 コ字型大樓及西班牙瓷磚屋頂矓欄的東棟從以前就是東山的象徵建築 3 從全景套房可獨占京都街道及八坂塔的景色

住宿方案
1泊附早餐57150円〜
（1房2人時1人份的費用）

拉開格子窗感受京都町家居民的心情
京都烏丸六角光芒酒店
カンデオホテルズきょうとからすまろっかく (Candeo Hotels Kyoto Karasuma Rokkaku)

將屋齡125年登錄有形文化財的町家直接當作接待樓的長住型酒店。在鋪有榻榻米的休息室及2樓的酒吧，可如同待在家中般以自助式服務暢飲京都精釀啤酒等。

☎075-366-2377
⌂京都市中京区六角通烏丸西入骨屋町149
🕐IN15:00 OUT11:00
🛏106間 P無
🚶地鐵烏丸御池站步行3分
MAP 附錄11 A-2

❶客房樓是位於通土間（沒有鋪地板的狹長走道空間）深處的新建建築 ❷一天24小時均可翻閱京都文化相關書籍及寫真集的圖書館。留在梁柱上的墨字耐人尋味 ❸踏進館內就有傳統的坪庭迎接來客

住宿方案
1泊純住宿8500円～
（1房2人時單人的費用）

住宿方案
1泊純住宿
27600円～

❶活用上等素材感的時尚客房，全室客房均附檜葉浴池 ❷「金鵄正宗」的招牌及酒桶相當引人注目 ❸在中庭，水盤中有棵枝葉伸展的樹

在藝術家的感性下
讓老字號酒藏的町家重生
Nol京都三條
ノルキョウトサンジョウ (nol kyoto sanjo)

原是伏見酒藏販賣所的町家與現代藝術家的感性融合而成的飯店。休息室的冷酒機在營業時間內可無限使用，在中意的場所品酒也不錯。

☎075-223-0190
⌂京都市中京区堺町通姉小路下る大阪材木町700
🕐IN15:00 OUT12:00
🛏48間 P無
🚶地鐵烏丸御池站步行5分
MAP 附錄11 B-2

京都的經典景點／讓人足不出戶的改裝飯店

Nol京都三條設有IWATA天然素材高機能床墊房，可體驗無比幸福的睡眠。

英文字母、符號

Ⓘ 主要景點　Ⓡ 美食　Ⓒ 咖啡廳　Ⓢ 購物　Ⓗ 飯店　♨ 溫泉

index

主要景點　美食　咖啡廳　購物　飯店　溫泉

ことりっぷ co-Trip 小伴旅
京都

【co-Trip 3】
京都小伴旅

作者／MAPPLE 昭文社編輯部
翻譯／黃琳雅
執行副總編輯／王存立
發行人／周元白
出版者／人人出版股份有限公司
地址／231028新北市新店區寶橋路235巷
6弄6號7樓
電話／（02）2918-3366（代表號）
傳真／（02）2914-0000
網址／www.jjp.com.tw
郵政劃撥帳號／
16402311人人出版股份有限公司
製版印刷／長城製版印刷股份有限公司
電話／（02）2918-3366（代表號）
香港經銷商／一代匯集
電話／（852）2783-8102
第一版第一刷／2013年5月
修訂第四版第一刷／2024年4月
定價／新台幣380元
港幣127元

國家圖書館出版品預行編目(CIP)資料

京都小伴旅 / MAPPLE昭文社編輯部作；
黃琳雅翻譯. -- 第四版. -- 新北市：
人人出版股份有限公司, 2024.04
面；　公分. -- (co-Trip小伴旅系列；3)
譯自：ことりっぷ 京都
ISBN 978-986-461-378-6(平裝)

1.CST：旅遊　2.CST：日本京都市
731.75219　　　　　　　113001674

●本書刊載資料為2023年3～4月之資訊。由於
資訊內容可能會有變更，敬請於使用前事先確
認。各項費用皆有可能因消費稅修正而產生變
動，因此有些設施費用標示價格為未稅。並且
為因應新冠肺炎之防疫措施，依各項設施所採
取的因應政策，其營業日期與時間，以及大眾
交通工具預定的行駛班次等皆有可能產生變
動。請於出發前再次於各類活動與設施之官
網，暨各行政單位官網等處確認最新資訊。此
外，因本書刊載之內容而衍生糾紛與損失時，
本公司礙難賠償，敬請事先理解後使用本書。

●電話號碼提供的都是各設施的洽詢電話，因
此可能有並非當地號碼的情況。而使用導航等
設備查詢地圖時，可能會有顯示與實際不同位
置的情況，還請多加注意。

●關於費用，入場費等基本上是標示成人費用。

●開館時間、營業時間，基本上是標示停止入
館的時間或最後點餐時間。

●不營業的日期，僅標示公休日，不包含臨時
停業、盂蘭盆節和過年期間之休假。

●住宿費用，基本上是標示淡季平日2人1房入
住時的1人份費用。但有部分飯店也可能會以房
間為單位標示費用。

●交通標示出來的是主要交通工具與參考的所
需時間。使用IC票卡時車資、費用可能會有所
不同。

●本書掲載の地図について
測量法に基づく国土地理院長承認（使用）
R 4JHs 19-162076　R 4JHs 20-162076
R 4JHs 21-162076　R 4JHs 23-162076

● 著作權所有　翻印必究

※本書系凡有「修訂」二字，表示內容有所修改。
「修訂～刷」表示局部性或大幅度修改，「修訂～
版」表示全面性改版修訂。

ことりっぷ co-Trip
小伴旅
京都

帶 我 走・好 輕 鬆

MAP

附錄